Nicola Vollkommer

Frucht, die nach Gott schmeckt

NICOLA VOLLKOMMER

Frucht, die nach Gott schmeckt

SCM
Hänssler

SCM

Stiftung Christliche Medien

SCM Hänssler ist ein Imprint der SCM Verlagsgruppe,
die zur Stiftung Christliche Medien gehört, einer gemeinnützigen Stiftung,
die sich für die Förderung und Verbreitung christlicher Bücher,
Zeitschriften, Filme und Musik einsetzt.

MIX
Papier | Fördert gute Waldnutzung
FSC® C014496

2. Auflage 2024

Max-Eyth-Straße 41 · 71088 Holzgerlingen
Internet: www.scm-haenssler.de · E-Mail: info@scm-haenssler.de

Lektorat: Damaris Müller
Umschlaggestaltung: Sybille Koschera, Stuttgart
Titelbild: © freepik, rawpixel.com
Autorenfoto: © Rahel Täubert
Satz: typoscript GmbH, Walddorfhäslach
Druck und Bindung: GGP Media GmbH, Pößneck
Gedruckt in Deutschland
ISBN 978-3-7751-6227-2
Bestell-Nr. 396.227

INHALT

EINLEITUNG: Schon wieder eine To-do-Liste für müde Kämpfer? ... 7

1. **LIEBE:** »All you need is love« ... 15
2. **FREUDE:** Weg mit dem Essig und der Schnute – das Lachen neu entdecken ... 32
3. **FRIEDE:** Die Ruhe im Sturm ... 54
4. **GEDULD:** Die Qual des Wartens ... 76
5. **FREUNDLICHKEIT:** Müssen Christen nett sein? ... 98
6. **GÜTE:** Streugut mit Wirksamkeit ... 119
7. **TREUE:** Gerne eingefordert, ungern geschenkt ... 143
8. **SANFTMUT:** Kraft unter Kontrolle ... 164
9. **ENTHALTSAMKEIT:** Die vergessene Kunst der Selbstbeherrschung ... 184

NACHWORT: Von Bäumen und Flüssen ... 202

ANMERKUNGEN ... 205

EINLEITUNG: Schon wieder eine To-do-Liste für müde Kämpfer?

Ihr habt nicht mich erwählt, sondern ich habe euch erwählt und euch dazu bestimmt, dass ihr hingeht und Frucht bringt und eure Frucht bleibt, damit, was ihr den Vater bitten werdet in meinem Namen, er euch gebe.
Johannes 15,16

Es ist ein Zusammentreffen der ersten Liga von Denkern und Strategen aus der englischsprachigen christlichen Szene. Meine Ohren sind gespitzt, mein Gehirn ist auf Overdrive eingestellt, gierig nach neuen Erkenntnissen, wie der christliche Glaube für ein postchristliches Zeitalter relevant werden kann und wie eine attraktive Gemeinde der Moderne aussehen könnte. Mein Stift schwebt schon über einem leeren Papierbogen, bereit, kein Detail vom Nonplusultra-Rezept für gelungenes Christsein zu verpassen.

Bald fliegt der Stift über den Block und notiert Begriffe wie »kraftvolles Christsein«, »Gemeindewachstum«, »Kirche am Puls der Zeit«, »missionarische Strategien für das 21. Jahrhundert«, »innovative Gottesdienstformate«, »Teamfindung«. Skizzen von Grafiken, Tabellen und Statistiken zieren meine Aufschriebe. Selbstsicher auftretende, strahlende Herren und Damen, die aussehen, als ob sie direkt aus der Vorstandssitzung eines globalen Multimillionen-Konzerns gekommen seien, fesseln ihr Publikum mit der Vision einer digital optimierten Kirche, an deren Tür die Menschen jeden Sonntag Schlange stehen, um ein Gotteserlebnis der Sonderklasse abzuholen.

Ich betrachte mit Genugtuung die mit römischen Zahlen nummerierten Posten samt Unterposten, die meinen Notizblock seitenweise füllen, wie auch die bunt markierten Gliederungen, die wichtigsten Punkte gelb unterlegt. Sie sollen nach unserer Heimkehr in To-do-Listen mit Kästchen zum Abhaken umgestaltet werden. Listen waren schon immer mein Ding – sie geben mir das Gefühl der Machbarkeit, der Kontrolle. Mein Mann schmunzelt und erinnert mich daran, dass in der Regel nur ein Mini-Prozentsatz aller glorreichen Ideen auf meinen Listen zustande kommt.

Zu Hause wieder Gemeindealltag in Süddeutschland. In Wahrheit könnte es überall sein. Bei Familie H. sind Kopfläuse entdeckt worden, gestern feierte sie Kindergeburtstag, alle Wuschelköpfe, die dabei waren, werden nach Nissen untersucht. Panikstimmung unter den jungen Familien. Hmmm. Zu diesem Thema gab es kein Seminar auf dem Kongress. Es wurde auch nichts über den Alpha-Kurs gesagt, der ausfallen muss, weil niemand Interesse hat. Vermutlich digital nicht genug optimiert. R. ist schon wieder gekränkt und feuert lange, anklagende E-Mails ab. Er fühlt sich übergangen, will seinen Hauskreis nicht mehr leiten.

Es gibt einen Wasserschaden im Untergeschoss. Eine zweite Familie hat Kopfläuse. Eine ganze Reihe weiterer Familien meldet sich vorsorglich vom Gottesdienst ab. Die Plage der Kopfläuse spricht sich rum. Viele leere Plätze am Sonntag. Die Altstimme auf der Bühne ist zu laut gestellt, man hört die Melodie vom Lied gar nicht, und die Bassgitarre dröhnt wieder so stark, dass ein paar ältere Gottesdienstbesucher ihre Ohren bedeckt halten. Ersatzteams sind überall im Einsatz, weil so viele Mitarbeiter fehlen.

Tja, die Realität des Lebens, fernab der Profi-Liga und der vierfarbigen Glanzbroschüren. Ausgerechnet an diesem Sonntag kommt eine Delegation von Studenten aus einer namhaften Bibelschule, um zu schauen, wie Gemeinde funktioniert, und eine Bewertung zu schreiben. Na toll.

Meine »How-to«-Aufschriebe vom Seminar lege ich mit einem Seufzer zur Seite, plötzlich erscheinen sie mir wie aus einer anderen Welt. Zum tausendsten Mal in meinen vielen Jahren als Christ stelle ich mir die Frage: Was ist erfolgreiches Christsein? Wie sieht erfolgreicher Gemeindebau aus? Was sagt die Bibel wirklich dazu?

Und wieder stoße ich auf zwei altbekannte Stellen im Neuen Testament, bei denen ich immer leicht zusammenzucke, wenn ich sie lese:

»An ihren Früchten werdet ihr sie erkennen« (Matthäus 7,16), sagt Jesus mitten in einer Predigt zum Thema »Unterschied zwischen gläubig und nicht gläubig«.

»Unser Brief seid ihr, eingeschrieben in unsere Herzen, erkannt und gelesen von allen Menschen«, schreibt Paulus an die Gläubigen in Korinth (2. Korinther 3,2).

Das ist auf jeden Fall zunächst mal eine gute Nachricht: Es kommt nicht auf äußere Formen, Präsentationen, Kompetenzen und makellose Abläufe an, die den Gottesdienst zu einem Ohrenschmaus und zu einem geistlichen Fünf-Sterne-Erlebnis für unterhaltungssüchtiges Publikum machen. Bilder von vornehm gestylten Damen, die Familie, Beruf, Frisur, Haushalt und Make-up mit der Hilfe Gottes souverän unter einen Hut bringen, müssen unsere Homepage-Startseiten nicht schmücken. Diese Konzepte sind wohl eher für eine keimfreie Welt gedacht, in der es keine Kopfläuse, keine Epidemie des Mitarbeitermangels, keinen Wasserschaden im Untergeschoss gibt. Nicht für die handfeste Realität, in der normale

Menschen mit Krankheit, Überstunden, schlechter Laune, schlaflosen Nächten, überfrachteten Terminkalendern, offenen Rechnungen und mäkelnden Kindern zu tun haben.

Die Bibel macht klar, dass es sehr wohl eine Formel für Erfolg gibt: Ich selber bin die Formel, das Werbeplakat, das Schaufenster. Autsch! Warum muss ich immer schlucken, wenn Gottes Wort meine Aufmerksamkeit von meinen To-do-Listen abzieht und stattdessen auf mein Verhalten lenkt? In der Bibel finden wir in der Tat wenig darüber, wie ein Gottesdienst zu gestalten ist. Dafür sehr viel darüber, wie wir mit unseren Mitmenschen umgehen sollen. Der einzige Programmpunkt einer Gottesdienstliturgie, den die Bibel nennt, ist die Aufforderung, Beziehungsstörungen zu klären, bevor man sich Gott zuwendet (Matthäus 5,23-24).

Ob ich es will oder nicht: Ich bin die Schnittstelle, an der andere entscheiden, ob sie sich auf den christlichen Glauben einlassen wollen oder nicht. Wir als christliche Gemeinschaft sind gemeinsam die Erfolgsformel. Das kann sehr wohl bedeuten, dass ein Gottesdienst ein Augen- und Ohrenschmaus ist. Aber attraktive Abläufe sind nur dann nachhaltig effektiv, wenn sie die Auswirkung eines attraktiven Innenlebens sind. Die spektakulären Zusammenbrüche innerhalb von Gemeindebewegungen wie Willow Creek und Hillsong mit ihren makellos choreografierten Gottesdiensten sind ein nüchterner Weckruf, eine Erinnerung daran, dass Kirche nicht in erster Linie dazu da ist, um die säkulare Welt zu beeindrucken oder am Puls der Zeit zu sein. Sobald unsere Bühneneinlagen zur Show und zum Selbstzweck werden, sind sie eine mühsame Tretmühle, eine Burn-out-Garantie für die armen Ehrenamtlichen, die diese Show Woche für Woche am Laufen halten müssen. Aus dem Reich Gottes wird eine GmbH, aus der Kanzel ein Chefsessel, aus der Familie Gottes ein Betrieb.

Performance oder Lebensstil?

Jesus warnt eindringlich vor dem Druck einer frommen Performance. Genau das war sein Dauer-Streitpunkt mit den Pharisäern. Er verglich sie mit weiß getünchten Gräbern, die innendrin voller Fäulnis sind (Matthäus 23,27-28). Gott ist nicht beeindruckt, auch wenn ich die tollste Show abziehe. Ich muss nicht erst talentiert, cool, schlank, elegant frisiert und bühnenreif sein, bevor ich ihm dienen darf. Jeder hat einen Anteil an dem Brief, der »[von allen] erkannt und gelesen« wird. Talent, sozialer Status, ethnische Zugehörigkeit, Geschlecht, Alter, Geld – spielt alles keine Rolle.

An ihren Früchten werden wir diejenigen erkennen, die Gott wirklich dienen. Welche Früchte meint Jesus? Für weitere Erläuterungen spielt er den Ball dem Apostel Paulus zu, der die »Frucht, die nach Gott schmeckt« in seinem Brief an die Gemeinde in Galatien ausführlich beschreibt: *»Liebe, Freude, Friede, Langmut, Freundlichkeit, Güte, Treue, Sanftmut, Enthaltsamkeit« (Galater 5,22-23).*

Hier wird es ungemütlich. Wir lesen so leicht über diese Liste hinweg, haben sie früher mal in der Kinderkirche auswendig gelernt und auf Kartonbögen gemalt. Als Erwachsene haben wir vielleicht vierfarbiges Bible-Journaling dazu gemacht: »Liebe, Freude, Friede …«, mit einer rustikalen Obstidylle im Hintergrund. Wir kennen diese Worte so gut, dass wir vergessen haben, wie skandalös sie sind. Genauso, wie wir *»Die Liebe ist …« (1. Korinther 13)* manchmal nur als Poesie mit Herzchen für die Spruchkarten oder für die Hochzeitseinladung verwenden.

Doch mein Leben ist das Evangelium, das andere Menschen »hören« und »sehen« werden. »Vielleicht das einzige«, behauptete einmal ein Prediger, der diesen Vers als Thema hatte. Wie schrecklich ist denn das! Logischerweise würde das bedeuten, dass eine ganze Reihe von Menschen, die mich zufällig an einem schwarzen

Tag erwischt haben, zur ewigen Verdammnis verurteilt wären, nur weil ich nicht genug gestrahlt, bezeugt oder fröhlich erzählt habe. Wenn Gott auf mich als Schaufenster für sein Reich angewiesen ist, soll er dringend woanders suchen!

Erstaunlicherweise hat Gott sich jedoch von uns abhängig gemacht: Es gibt kein Ausweichen. Wie wir leben, ist für den Ruf Gottes in dieser Welt entscheidend. Wir sind seine Vertreter auf dieser Erde, Botschafter an Christi statt. Eine peinliche Zumutung. Neulich wollte ich in der Hektik eines Staus die Spur wechseln und streifte ein anderes Auto, das ich nicht gesehen hatte. Es war Hauptverkehrszeit, ich blieb mit dem geschädigten Auto und seinem Fahrer mitten auf der Straße stecken und hoffte, dass niemand vorbeifahren würde, der mich kennt. Als die Polizei kam, brach ich in Tränen aus und musste beichten, dass ich weder meinen Führerschein dabeihatte noch wusste, bei welcher Autoversicherung wir versichert sind. Eine Botschafterin an Christi statt? Eher ein jämmerliches Häufchen Elend. Ich war nur froh, dass ich keinen Fisch oder »Jesus-liebt-dich«-Aufkleber hinten auf meinem Auto hatte.

»Was soll ich denn machen, Herr?«, klagte ich hinterher. »Ich bin auch nur ein Mensch, und mein Auto ist nur ein Auto. Soll ich so tun, als ob ich alles im Griff hätte, etwas vorgeben, was ich nicht wirklich bin? Wie soll ich fehlerlos leben?«

Kann man Mensch bleiben und trotzdem heilig sein?

Ich bin überzeugt, dass es tatsächlich einen Weg gibt, wie wir mit gutem Gewissen normal, menschlich, fehlerhaft und authentisch leben können und gerade dadurch andere Menschen auf den Geschmack bringen können, nach Gott zu suchen. Einen Weg, wie wir »Frucht, die nach Gott schmeckt« hervorbringen und so wie König David unsere Mitmenschen einladen können: *»Schmecket und sehet, wie freundlich der Herr ist« (Psalm 34,9; LUT).*

Genau dieses Spannungsfeld begleitet uns durch dieses Buch hindurch und ermutigt uns, so hoffe und bete ich, die Früchte des Geistes in uns wachsen zu lassen und eine neue Freude dabei zu erleben! Die ersten vier Früchte – Liebe, Freude, Friede und Langmut – haben mit der Grundstimmung in unserem Leben zu tun, den Motiven, nach denen wir handeln, den Kraftquellen, die wir dabei anzapfen. Die übrigen Früchte – Freundlichkeit, Güte, Treue, Sanftmut, Enthaltsamkeit – stehen für die Auswirkungen dieser Grundhaltung auf unser äußeres Verhalten.

Für Jesus ein Zeugnis zu sein, heißt nicht, dass wir schauspielern müssen – auf Musterchrist, Musterehepaar, Musterfamilie, Mustergemeinde machen –, um Gott und andere Menschen mit unserer Frömmigkeit zu beeindrucken. Perfekt gestylte und souveräne Christen wie aus dem Bilderbuch mögen zwar von anderen bewundert werden, können aber auch ganz schön ungenießbar sein. Imagepflege war nie eine geistliche Tugend. Aber auf unsere Schwächen und Ausrutscher stolz sein im Namen eines »authentischen Lebensstils«? Sünde feiern, weil wir ach so ehrlich sind? Nein danke! Das nervt noch mehr als die tugendhaften Darstellungen der Wir-sind-so-toll-Christen. Man kann sowohl auf der einen als auch auf der anderen Seite vom Pferd fallen …

Ein ehrlicher Blick auf dieses Spannungsfeld führt uns, wenn wir es so wollen, direkt zum Kern des Evangeliums – zum Gnadenwerk Jesu am Kreuz von Golgatha. Nach Golgatha, wo wir sowohl die Inspiration wie auch die Kraft finden, so zu leben, wie Jesus es möchte.

Denn, dieser Gedanke schon mal vorweg: Ich darf nicht vergessen, es sind nicht meine Früchte, die hier wachsen sollen, sondern seine, Gottes Früchte. Er bewirkt sie in mir. Die Rebe im Gleichnis Jesu (Johannes 15,1-8) hat kein bisschen Stress damit, in der Erntezeit dicke, saftige Trauben hervorzubringen, aus denen der beste Wein hergestellt werden kann. Ihr einziges Verdienst ist es, am Weinstock zu hängen. Und selbst das ist eher das Verdienst des Weinstocks als das der Rebe. Mit diesem Gedanken starten wir in eine der spannendsten Reisen in der Bibel – eine Reise, die faszinierend, herausfordernd und auf jeden Fall lebensverändernd ist!

Ich hatte ein Samenkorn in der Hand.
Mein einziges Korn.
Sie sagen, ich soll das Korn in die Erde legen.
Ich muss mein Korn schützen, mein einziges Korn.
Ich habe nie erlebt, dass es Frühling gibt.
Sie sagen, es wächst neues Leben aus dem Korn.
Ich verliere mein Korn, mein einziges Korn.
Ich habe nie erlebt, dass es Frühling gibt.
Sie sagen, ich muss mein Korn riskieren,
mein einziges Korn.
Aber ich habe nie Frühling erlebt.
Mein Geliebter sagt: Es gibt Frühling!
Ich lege mein Korn in die Erde.[1]

Nicola Vollkommer
Bad Urach

1. LIEBE:
»All you need is love«

Friedhof der gebrochenen Herzen

Als Teenager in einem Mädcheninternat trällerte ich in jeder freien Minute die Hits der berühmten schwedischen Popgruppe ABBA. In den paar kostbaren Stunden an den Wochenenden, in denen wir Musik hören durften, drehten wir die flotten Rhythmen von *Dancing Queen* auf maximale Lautstärke und tanzten wie wilde Furien, bis eine genervte Hausmutter ihren Kopf durch die Tür steckte und aus voller Kehle »Dreht diese schreckliche Musik herunter!« brüllte. Als die beiden singenden ABBA-Traumpaare ihre Trennung bekannt gaben und das ABBA-Märchen plötzlich vorbei war, war ich am Boden zerstört. Bis heute bekomme ich jedes Mal einen Kloß im Hals, wenn ich den Videoclip von ABBAs letztem großem Hit anschaue: *The winner takes it all* (»Der Gewinner sahnt alles ab«).[2]

Die mit Tränen gefüllten blauen Augen von Sängerin Agnetha Fältskog blicken melancholisch in die Kamera, während sie Worte singt, die in jedem gebrochenen Herzen qualvoll nachklingen müssen: »*But tell me: Does she kiss like I used to kiss you? Does it feel the same when she calls your name?*« (»Aber sag mir doch: Küsst sie dich so, wie ich dich geküsst habe? Wenn sie deinen Namen nennt, ist es so wie damals, als ich deinen Namen nannte?«)

Authentisch, herzzerreißend – der Videoclip wurde millionenfach aufgerufen. Die Sängerin protokollierte in Echtzeit ihr eigenes Liebes-Aus. Die Vorstellung, dass ihr vermeintlich exklusiver Platz im Herzen eines Mannes, auf dessen Liebe sie ihr Leben gebaut hatte, nun von einer anderen besetzt war. Die Weinkrämpfe nachts beim Gedanken, dass er Bett, Seele und Zärtlichkeiten mit einer anderen teilte, während sie in ihrer Suche nach Glück wieder von vorne anfangen musste. Jede Menge schmerzhafter Erinnerungen, das Gefühl, hintergangen worden zu sein: *»I was in your arms, thinking I belonged there«* (»Ich lag in deinen Armen, dachte, ich gehöre dorthin«). Es war das Ende einer Traumpartnerschaft, die einige der erfolgreichsten Lieder des 20. Jahrhunderts hervorgebracht hat.

Liebe und das Gegenteil davon

Damals fragte ich mich oft, warum eine Popkultur, die die Liebe zweier Menschen in Endlosschleife feiert und mit jedem Tastenschlag am Keyboard bejubelt, in einem Friedhof gebrochener Herzen endet. Das John-Lennon-Mantra *All you need is love* scheint auf ganzer Linie genau ins Gegenteil auszuschlagen.

Nichts im Leben verheißt so viel und liefert so wenig wie der Traum vom ultimativen Liebesrausch. Um das zu wissen, braucht man keine Bibel zur Hand zu nehmen. Man muss nur mit offenen Augen durch die Gegend laufen, in der Klatschpresse stöbern und nachschauen, welche Hollywood-Größen soeben ihre Trennung bekannt gegeben haben. Täglich fordert der Traum von der großen Liebe neue Opfer. Junge Menschen schlucken Tabletten, um ihr gebrochenes Herz zu betäuben. Zahlreiche Mädchen werden in psychiatrischen Kliniken aufgrund einer Essstörung zwangsernährt, weil der Traum von den perfekten Körpermaßen, die die große Liebe an Land ziehen sollen, geplatzt ist.

Nie wurde das Wort Liebe so entwertet und missbraucht wie in unserer heutigen Unterhaltungswelt. Liebe wird reduziert auf eine sexuelle Handlung. Sie dient als Tauschware und zur Befriedigung unkontrollierter Triebe. Es ist eine Sache, die nichts mit wahrer Liebe zu tun hat. Ein Auto kann man leasen, ausprobieren und zurückgeben, wenn es nicht mehr läuft. Eine Kaffeemaschine kann man entsorgen, wenn ein besseres Modell im Sonderangebot ist. Einen Menschen eben nicht. Der Mensch ist nicht für eine kurzfristige Lustbefriedigung gemacht, auch wenn diese noch so oft als »Liebe« bezeichnet und mit ihr verwechselt wird.

Liebe, aber nicht per Mausklick

Wie sieht Liebe in der Bibel aus? Erzeugt sie Gänsehaut? Schmetterlinge im Bauch? Ist sie ein Rausch des Begehrens und des Begehrtseins? Kaum. Wobei … wer den Gott der Bibel als Erfinder und Befürworter der prickelndsten erotischen Leidenschaft kennenlernen will, braucht nur einen kurzen Blick in das Hohelied von König Salomo zu werfen. Die Bibel ist alles andere als prüde! Umsonst suche ich auf ihren Seiten jedoch nach Anweisungen, wie ich die große Liebe oder die ideale, ewig währende Freundschaft finden kann. Stattdessen entdecke ich einen Katalog von Charakterattributen, für die man offenbar ein Engelsgemüt besitzen muss, um nur eins davon in Ansätzen aufzuweisen.

Paulus lässt es in einem Brief an seine Freunde in Korinth richtig konkret werden: *»Die Liebe ist langmütig, die Liebe ist gütig, sie neidet nicht, die Liebe tut nicht groß, sie bläht sich nicht auf, sie* *benimmt sich nicht unanständig, sie sucht nicht das Ihre, sie lässt sich nicht erbittern, sie rechnet Böses nicht zu, sie freut sich nicht über die Ungerechtigkeit; sondern sie freut sich mit der Wahrheit, sie erträgt alles, sie glaubt alles, sie hofft alles, sie erduldet alles. Die Liebe vergeht niemals; seien es aber Weissagungen, sie werden weggetan werden; seien es Sprachen, sie werden aufhören; sei es Erkenntnis, sie wird weggetan werden« (1. Korinther 13,4-8).*

Bemerkenswert an diesem zeitlosen Schaulaufen menschlicher Tugenden der Spitzenklasse sind die Verse davor. Dort wird nämlich eine ganze Reihe von Talenten und Kompetenzen aufgeführt, die in unserer Welt Beifall ernten: rhetorische Begabung, Erkenntnis, Wissen, beeindruckende Darstellungen von Frömmigkeit, Selbstaufopferung für soziale Projekte, heldenhafter Ruhm:

»Wenn ich in den Sprachen der Menschen und der Engel rede, aber keine Liebe habe, so bin ich ein tönendes Erz geworden oder eine schallende Zimbel. Und wenn ich Weissagung habe und alle Geheimnisse und alle Erkenntnis weiß, und wenn ich allen Glauben habe, sodass ich Berge versetze, aber keine Liebe habe, so bin ich nichts. Und wenn ich alle meine Habe zur Speisung der Armen austeile und wenn ich meinen Leib hingebe, damit ich Ruhm gewinne, aber keine Liebe habe, so nützt es mir nichts« (1. Korinther 13,1-3).

Mit anderen Worten, selbst die besten Errungenschaften, selbst die tugendhaftesten aller guten Taten sind wertlos ohne die selbstlose Liebe Gottes als Triebkraft, als Grundlage. Paulus trifft an dieser Stelle den Kern des Evangeliums. Die Früchte des Geistes, die er in seinem Brief an die Galater auflistet, sind die verkürzte Fassung der Definition von Liebe im Korintherbrief: *»Liebe, Freude, Friede, Langmut, Freundlichkeit, Güte, Treue, Sanftmut, Enthaltsamkeit« (Galater 5,22-23).*

Liebe – biblisch gesehen – ist per Definition der Blick weg von den eigenen Bedürfnissen und von der Illusion, dass irgendein

Mitmensch mich jemals völlig glücklich machen kann. Logisch, dass die Bibel in ihren »How-to«-Listen für gelingende Beziehungen weder Romantik noch Gänsehaut zu bieten hat. Nur reihenweise trockene, nüchterne Imperative. Sie setzt voraus – O Horror! –, dass wir es in der Hand haben, ob wir unsere Mitmenschen lieben oder nicht. Diese Art von Liebe hat wenig mit Gefühlen zu tun.

- »Die Bruderliebe bleibe!« (Hebräer 13,1).
- »Du sollst ihn [den Fremden] lieben wie dich selbst« (3. Mose 19,34).
- »Ihr Männer, liebt eure Frauen!« (Epheser 5,25).
- »Du … sollst deinen Nächsten lieben wie dich selbst« (3. Mose 19,18).
- »Siehe, wie fein und lieblich ist's, wenn Brüder einträchtig beieinander wohnen!« (Psalm 133,1; LUT).
- »So sollt auch ihr euch untereinander die Füße waschen« (Johannes 13,14; LUT).
- »Das ist mein Gebot, dass ihr euch untereinander liebt, wie ich euch liebe« (Johannes 15,12; LUT).
- »Einer komme dem andern mit Ehrerbietung zuvor« (Römer 12,10; LUT).
- »Ertragt einer den andern in Liebe« (Epheser 4,2; LUT).
- »Seid aber untereinander freundlich und herzlich und vergebt einer dem andern, wie auch Gott euch vergeben hat in Christus« (Epheser 4,32; LUT).
- »Vor allen Dingen aber habt untereinander eine anhaltende Liebe!« (1. Petrus 4,8).

Zu diesen Direktiven kommen Hinweise, dass Witwen und Waisen besondere Zuwendung erhalten sollen (Jakobus 1,27), Autoritätspersonen geehrt werden (Hebräer 13,17) und – hier muss ich am heftigsten schlucken – wir sogar unsere Feinde lieben sollen (Matthäus 5,44).

Spätestens hier hört die Poesie dieser herrlichen biblischen Passagen auf. Ich soll lieben, einfach so? Auch wenn ich nicht zurückgeliebt werde? Auch wenn das Leben gerade ein einziger Hürdenlauf von Krisen ist und ich keine Kapazität habe, irgendjemanden lieb zu haben? Wenn meine Mitmenschen mit unmöglichen Forderungen über mich herfallen, wenn sie mich im Stich lassen, mit mir schimpfen, obwohl ich es doch so gut gemeint habe?

Eines haben all diese prägnanten Anweisungen gemeinsam: Persönliche Sympathien oder Vorlieben spielen hier keine Rolle. Hormone oder Persönlichkeits-Chemie schon gar nicht. Ist das nicht eine sehr gute Nachricht? Das bedeutet, dass ich keine Gefühle aufbringen muss, um Liebe zu praktizieren, nicht warten muss, bis mir danach ist.

Die Bibel setzt voraus, dass nüchterne Schritte des Gehorsams für den Nachfolger Jesu normal sind – völlig abgekoppelt von den Lüsten und Launen eines unbeständigen Herzens. Sie entschuldigt sich nicht für die Schärfe ihrer Aufforderungen, versucht nicht, sie abzufedern, bemitleidet mich nicht, wenn ich sie als hart und unzumutbar empfinde. Es geht offenbar um eine Grundhaltung, die mein Leben prägen soll. Aber wie komme ich dahin?

Liebe – die große Mangelware unserer Zeit

In einer Zeit, in der die Sitten rauer werden, Menschen nicht mehr »bitte« oder »danke« über die Lippen bringen, soziale Kompetenzen und feine Manieren als altbacken und passé gelten, klingt die Liste aus Paulus' Brief an die Galater wie Musik aus einer längst vergangenen heilen Welt. Einer Welt, in der Männer für Damen die Tür zur Kutsche offen gehalten und junge Menschen im Bus für Senioren ihren Platz geräumt haben.

Paulus' Anforderungen sind zwar steil, aber Hand aufs Herz: Genau so möchte ich doch behandelt werden, oder nicht? Dieser Gedanke bringt mich in eine gute Startposition: Behandle andere so, wie du behandelt werden willst. Die Goldene Regel. Und wie will ich behandelt werden? Genau so, wie Paulus es vorschreibt. Da gibt es nicht viel zu diskutieren. Der Mitarbeiter, der letzte Woche eingeschnappt auf eine ganz normale Frage reagierte: Wie wäre es mit einem liebevollen Ton, Herr Kollege? Mein Mann, der keine Zeit hatte, das eingeklemmte Papier aus dem Drucker zu ziehen, als ich ihn brauchte: War da nicht etwas mit aufopfernder Güte? Freunde, die sich nicht zurückmelden, nachdem ich verzweifelt versucht habe, sie zu erreichen. Was ist da mit dem Gebot der Liebe passiert? Oder mit schlichten Manieren?

Doch plötzlich dämmert mir durch den Nebel selbstzentrierter Gedanken: Genau so, wie ich es von anderen erwarte, soll ich mich ihnen gegenüber verhalten! Das ist der Aha-Moment, in dem ich anfange, Liebe nach Gottes Definition zu begreifen. Der Moment, in dem meine Reaktion-und-Gegenreaktion-Gleichung – wenn meine Mitmenschen halbwegs lieb zu mir wären, wäre ich auch lieb zu ihnen – ausgedient hat. Die Benimm-dich-Liste von Paulus im Galaterbrief, mit Liebe an der Spitze, ist an *meine* Adresse gerichtet, nicht zuerst an die Adresse meiner Mitmenschen.

Mit Gottes Hilfe bin ich in der Lage, zu lieben – unabhängig davon, ob die anderen lieb zu mir sind oder nicht. Ich erkenne mit Entsetzen, wie schnell ich dabei bin, von anderen das zu verlangen, was ich selber nicht bringen will. Diese Unsitte wird mir auf einmal peinlich. Ich reflektiere mit weiterer Bestürzung, wie wenig mir diese Unsitte die meiste Zeit auffällt, wie selbstverständlich mein egoistisches Gehabe ist – dieser krasse blinde Fleck in meiner Seele. Die Bibel nennt diesen Moment »Sündenerkenntnis«.

Der Liebesanzünder von außen

Die Bibel zieht uns an dieser Stelle kompromisslos den Boden unter den Füßen weg. Die Lieblosigkeit, mit der ich andere behandle, wird auf mich zurückfallen. *Karma* in seiner reinsten Form ist ein urbiblisches Konzept: Das, was ich säe, ernte ich. Auch die Natur lehrt mich das. Überall, wo ich in der Landschaft hinschaue, anfangend mit meinen Balkonkästen und Terrassenkübeln, sprießt genau das, was gesät wurde. Bestes Anschauungsmaterial für mein eigenes Leben. Ich kann nicht Brennnesseln aussäen und erwarten, dass Rosensträucher wachsen. Selbst ein Kind versteht das.

Hier sind wir schon beim Urwesen der menschlichen Sünde. So logisch, so einfach zu verstehen und doch für eine von Sünde getrübte Seele so schwer begreiflich. Wir wollen Liebe, aber bitte schön gratis. Als unser gutes Recht. Wir wollen den genüsslichen Biss in die verbotene Frucht und einen Gott, der milde lächelnd aus dem Himmel herabblickt, schön auf Abstand. Wir sind wie der Junge im Gleichnis vom verlorenen Sohn: *»Gib mir den Teil des Vermögens, der mir zufällt!« (Lukas 15,12).* Gib mir, was mir zusteht. Ich habe panische Angst, dass mir etwas vorenthalten wird, dass die anderen das bessere Los gezogen haben, dass Gott mich nicht so richtig mag, dass für mich nichts von der Torte übrig bleibt, weil mich alle übersehen haben. Als Opfer der Untaten anderer, als ewig Benachteiligter und zu kurz Gekommener habe ich doch das Recht, mich an den Gütern dieser Welt zu bedienen, mir auf eigene Faust die Liebe zu holen, die ich brauche. Eben zu ernten, was ich nicht gesät habe.

Einmal wurde ich gefragt, ob man lernen kann, ein leidenschaftlicher Christ zu werden, erfüllt mit der Liebe Gottes. Ich dachte lange darüber nach und kam zu dem Schluss, dass man es nicht von sich aus »werden« kann. Von uns aus haben wir keinen Resonanzboden im Herzen, der auch nur im Geringsten auf Gott eingestellt wäre. Gott geht in der Kühle des Abends spazieren, und wir verstecken uns, wie einst Adam und Eva, wollen selber Gott sein, selber entscheiden, wie und wodurch wir glücklich werden. Im Normalfall herrscht Funkstille. Bevor wir Gott lieben können, muss diese Funkstille also erst einmal aufgehoben, die Schallmauer durchbrochen werden. Wir müssen aus unserem Versteck herauskriechen und ihm zu seinen, nicht zu unseren Bedingungen begegnen.

Meist geschieht dies durch die Widrigkeiten im Leben. Wir erleben am eigenen Leib, dass es doch nicht das Gelbe vom Ei ist, selber Gott sein zu wollen, nach unseren eigenen Regeln nach Liebe zu suchen. Gott sein: Das kann *er* besser. Und wenn wir weiter forschen und suchen, stellen wir mit Staunen fest, dass die Schallmauer schon durchbrochen, die Funkstille längst aufgehoben ist. Er kam auf diese Erde, wurde Mensch, bezahlte die Schulden, die wir durch unseren Egoismus angehäuft haben. Der Weg ist frei, wir können ihm begegnen, seine Vergebung empfangen und uns von ihm lieben lassen.

»Denn so hat Gott die Welt geliebt, dass er seinen einzigen Sohn gab, damit jeder, der an ihn glaubt, nicht verloren geht, sondern ewiges Leben hat« (Johannes 3,16).

»Wir lieben, weil er uns zuerst geliebt hat. Wenn jemand sagt: Ich liebe Gott, und hasst seinen Bruder, ist er ein Lügner. Denn wer seinen Bruder nicht liebt, den er gesehen hat, kann nicht Gott lieben, den er nicht gesehen hat. Und dieses Gebot haben wir von ihm, dass, wer Gott liebt, auch seinen Bruder lieben soll« (1. Johannes 4,19-21).

Die Bibel nennt diesen Prozess Umkehr oder Wiedergeburt. Echte, selbstlose Liebe braucht einen Anzünder von außen: Wir lieben, weil wir geliebt sind. Wir dienen anderen in Selbstlosigkeit, weil er uns gedient hat. Lieben können wir nur als Reaktion auf seine Liebe.

Ein Alabasterfläschen, das zu einer Legende wird

Bei einer bahnbrechenden Begegnung im Neuen Testament führt Jesus uns dieses Prinzip klar vor Augen. In einem gefühlvollen Ausbruch platzt eine Frau von schlechtem Ruf mitten in eine Eliterunde frommer Leiterpersönlichkeiten hinein, wirft sich vor Jesus nieder und schüttet eine kostbare Salbe auf seine Füße. Die anwesenden Theologen sind außer sich vor Empörung. So etwas Unanständiges, Unangemessenes, ausgerechnet in dieser heiligen Runde. Weiß Jesus etwa nicht, um was für eine Frau es sich hier handelt? Wie kann er sich nur mit so einer Person abgeben? Doch Jesus stellt die frommen Leute für ihre hochnäsige Reaktion zur Rede. *»Ihre vielen Sünden sind vergeben, denn sie hat viel geliebt; wem aber wenig vergeben wird, der liebt wenig« (Lukas 7,47)*, erklärt er.

Wer sich nicht einmal bewusst ist, wie sehr er die Vergebung seiner Sünde nötig hat, wird die Freude und Erleichterung über diese Vergebung auch nicht fühlen. Er bleibt das *»tönende Erz«* und die *»schallende Zimbel«*, von denen in Paulus' Korinther-Ausführungen die Rede war. Wer nicht bereit ist, den blinden Fleck in der eigenen Seele zu entfernen, das eigene niederträchtige Verhalten zuzugeben, den verurteilenden Finger zurückzuziehen, wird Christsein nur als Formsache erleben. Seine Frömmigkeit reduziert sich auf ein angelerntes Verhalten und nachgeplapperte Sprüche.

Er ist wie die Pharisäer in dieser Erzählung: Nichts treibt ihn mehr zur Weißglut als die Begeisterung echter Nachfolger Jesu.

Wir können leidenschaftliche und dankbare Liebe für Jesus nur in dem Maße fühlen, wie wir unsere eigene Gottlosigkeit und Verlorenheit und deren Folgen gefühlt haben. Die Geschichte mit dem Alabaster-Fläschchen zeigt den Kontrast zwischen Christsein als äußere Formsache und Christsein aus Leidenschaft – Letzteres ist die Sorte, die Frucht bringt.

Back to Basics

Den gleichen Kontrast macht Jesus in seinem berühmtesten Gleichnis deutlich. In der Geschichte in Lukas 15 sind zwei Söhne auf Irrwege geraten. Derjenige, der sich finden lässt, ist der, der nach Schweinestall stinkt, seine Rettungsbedürftigkeit schmerzlich fühlt und geknickt nach Hause zurückkehrt. Der andere ist zu sehr von sich und seiner eigenen Frömmigkeit überzeugt, um sich in die Arme des suchenden Vaters zu werfen.

Charles H. Spurgeon erklärt: »Zu viele denken oberflächlich über Sünden und genauso auch über den Erlöser. Wer vor Gott gestanden hat – überführt und verdammt, mit dem Strick um den Hals –, der wird auch vor Freude weinen, wenn er Vergebung erhält; er wird das Böse hassen, das ihm vergeben wurde, und er wird zur Ehre des Erlösers leben, durch dessen Blut er gereinigt wurde.«[3]

Hier, an der Basis des Evangeliums, finden wir den Schlüssel zu der Frucht, die nach Gott schmeckt, den Schlüssel zur Rettung der auf sich fixierten Seele. Nur der reumütige Sünder, der mit Paul Gerhardt erkannt hat: »Ich lag in tiefster Todesnacht, du warest meine Sonne«, kann mit Tränen in den Augen verkünden: »Ich sehe dich mit Freuden an und kann mich nicht satt sehen.«[4]

Johann L. K. Allendorf, ein Pfarrer und Liedermacher aus dem 18. Jahrhundert, drückt die Rettungsaktion Gottes wie folgt aus:

> Jesus ist kommen, nun springen die Bande.
> Stricke des Todes, die reißen entzwei.
> Unser Durchbrecher ist nunmehr vorhanden;
> er, der Sohn Gottes, der machet recht frei,
> bringet zu Ehren aus Sünde und Schande;
> Jesus ist kommen, nun springen die Bande.[5]

Ich muss wissen, wie lieblos ich war, wie unfähig, von mir aus irgendwas Gutes hervorzubringen, bevor ich Dankbarkeit und Liebe für Gott empfinden kann und folglich auch für meine Mitmenschen. Liebe ist dann keine Pflicht mehr, sondern eine natürliche Folge der Rettung, die ich erlebt habe. Ich kann nicht anders, als zu lieben, so wie ich von Gott geliebt wurde.

Solange die krasse, anstößige Sprache der Rettungsbedürftigkeit und Verlorenheit in unseren geistlichen Kreisen nicht mehr geduldet wird, so lange wird auch die Sprache der ausgelassenen Freude über eine dramatische Rettung nicht zu hören sein. Weinen über die eigene Sünde ist eine Praxis, die schwer aus der Mode gekommen ist. Wenn wir jedoch über die Frucht reden, die nach Gott schmeckt, müssen wir hier an der Basis beginnen. Bevor diese Frucht auch nur ansatzweise wachsen kann, muss der Boden ausgewechselt werden. Sonst ist jeder Versuch, gute Frucht zu tragen, eine rein kosmetische Verschönerung. Sie bleibt oberflächlich, eine bloße Fassade.

Eine Jugendband in den USA wollte das berühmte Lied *Amazing Grace* für ein YouTube-Video aufnehmen. In der ersten Strophe heißt es: »*Amazing grace, how sweet the sound that saved a wretch like me*« (Erstaunliche Gnade – wie süß der Klang, der mich, den

Schurken/Halunken, gerettet hat).[6] *Wretch* ist ein kräftiges Wort, und die Jugendlichen beschlossen, es durch das Wort *soul* (»Seele«) zu ersetzen, damit es besser zur jugendlichen Partykultur passt. Man kann einen Menschen heutzutage doch nicht als *wretch* bezeichnen.

Dadurch haben sie dem Lied jedoch seine Strahlkraft genommen. Der *wretch*, der Halunke, der Vergebung empfangen hat, ist doch der, der viel liebt, der sein Leben dem Herrn ausliefert, der sein Leben am Kreuz für ihn verschenkt hat.

Die Schallmauer durchbrechen

Es ist logisch, dass die erste Frucht auf Paulus' Liste Liebe ist. Liebe, wie Gott sie definiert, nicht wie die Welt sie versteht. Liebe als Absage an die selbstsüchtigen Ansprüche, die in den Genen des unerlösten Menschen tief eingenistet sind, Liebe als Wurzel für alle anderen Früchte und die Tür schlechthin zur befreienden Welt der christlichen Charakterbildung. Diese Liebe ist Gottes Gegenmittel gegen die »Ich-will-haben«-Psychose der gefallenen und von Gott getrennten Menschheit.

In Matthäus 5,43-48 erklärt Jesus, wo diese Liebe letztlich hinführt: *»Ihr habt gehört, dass gesagt ist: Du sollst deinen Nächsten lieben und deinen Feind hassen. Ich aber sage euch: Liebt eure Feinde, und betet für die, die euch verfolgen, damit ihr Söhne eures Vaters seid, der in den Himmeln ist! Denn er lässt seine Sonne aufgehen über Böse und Gute und lässt regnen über Gerechte und Ungerechte. Denn wenn ihr liebt, die euch lieben, welchen Lohn habt ihr? Tun nicht auch die Zöllner dasselbe? Und wenn ihr allein eure Brüder grüßt, was tut ihr Besonderes? Tun nicht auch die von den Nationen dasselbe?«*

Es ist klar, was Jesus hier *nicht* meint. Er fordert seine Zuhörer nicht auf, alles mit sich machen zu lassen. Jesus weist lediglich auf den Unterschied zwischen weltlicher und göttlicher Liebe hin. Weltliche Liebe ist den Impulsen aus der Umgebung ausgeliefert. Sie ist in ihrem Wesen reaktiv. Sei nett zu mir, und ich bin nett zu dir. Kratz du meinen Rücken, ich kratze deinen Rücken. Finde mich sexy, ich finde dich sexy. Christliche Liebe schöpft ihren Handlungsdrang aus einer anderen Quelle – der Liebe Gottes, die von oben kommt. Wer ihn liebt, hält seine Gebote, verhält sich so wie er.

Dieses Thema zieht sich wie ein roter Faden durch alle Früchte des Geistes. In diesem Kontext ist Jesu steile Forderung, unsere Feinde zu lieben, nachvollziehbar und befreiend. Unser Verhalten ist nicht mehr von dem gesteuert, was andere über uns denken. *»Denn die Liebe Christi drängt uns« (2. Korinther 5,14).* In ihm werden wir befähigt, auch das Lieblose zu lieben. Unser Mentor, unser Lehrer, unser Vorbild ist immerhin derjenige, der, stundenlang auf einem grausamen Foltergerät aufgespießt, ausrief: *»Vater, vergib ihnen! Denn sie wissen nicht, was sie tun« (Lukas 23,34).* In diesem Satz steckt die Inspiration für wahre christliche Liebe. Die Kraft, jedem Rachegedanken zu widerstehen. Die Kraft, Ungerechtes, Verletzendes nicht heimzahlen zu wollen. Das ist der ultimative Test wahrer Liebe.

»Die Feindesliebe ist das Alleinstellungsmerkmal der Jesus-Nachfolger. Sie leben von der Feindesliebe Gottes. Jesus betet am Kreuz für seine Feinde. Das ist der Beweise der Liebe Gottes, dass Jesus für uns gestorben ist, als wir noch Sünder, Feinde waren (Römer 5,8-10). Diese Feindesliebe Gottes ist unsere Rettung. Diese Feindesliebe füllt unser Leben wie eine Schale, sodass es überfließt. Wir bekommen mehr, als wir für uns brauchen. Wir haben Überfluss zum Weitergeben. So tut Jesus selbst in uns das Wunder, dass wir das Gebot, das uns total überfordert, erfüllen können, weil er uns füllt, ja überfüllt.«[7]

Säen und ernten

Die Aufgabe des Sämanns in einer Agrargesellschaft wie dem damaligen Land Israel ist es, Saatgut auszustreuen. Er ist nur mit einer Sache beschäftigt: mit der Hängetasche, die um seinen Hals geschlungen ist, und deren Inhalt. Das Saatgut muss raus, ungeachtet jeder Überlegung, ob es aufgehen wird oder nicht, ob die Mühe sich lohnt, ob Ergebnisse schon sichtbar sind oder nicht. Unabhängig davon, ob die Verhältnisse günstig sind, das Wetter gut ist, genug Mitarbeiter und Unterstützer zur Hand sind. Der Prediger im Alten Testament bringt es auf den Punkt:

»Wirf dein Brot hin auf die Wasserfläche! – denn du wirst es nach vielen Tagen wieder finden! – Gib Anteil sieben anderen, ja, sogar acht, denn du weißt nicht, was für Unglück sich auf der Erde ereignen wird! ... Wer auf den Wind achtet, wird nie säen, und wer auf die Wolken sieht, wird nie ernten« (Prediger 11,1-4).

Die Arbeit des Aussäens ist manchmal ein mühsames Unterfangen und fühlt sich sinnlos an. Am Tag der Aussaat sieht man nichts. Als ich meine Frühlingszwiebeln letzten Herbst in die Erde steckte, lachte mir am nächsten Tag kein Beet voller fröhlicher Tulpen und Narzissen entgegen. Es ist ein Werk des Glaubens, eine Liebesmühe, bei der die gesamte Initiative beim Sämann liegt. Er kauft das Saatgut, wählt das Sortiment aus, entscheidet, was, wohin und wie viel gesät wird, bearbeitet den Boden. Er hat die Aktion völlig in seiner Hand, steuert, lenkt, bestimmt das gesamte Geschehen.

Das Gleiche gilt für mein Verhalten. Die Früchte, die ich ernten will, muss ich aussäen. Ich bestimme, was ich aussäe. Nicht meine Kindheit, nicht meine Lebensverhältnisse, nicht das, was andere mir angetan haben, auch nicht mein Sozialstatus, Beruf oder Geschlecht. Ich stehe nicht unter dem Zwang, meine Einsamkeit, meine Defizite, meine Not, meine Kündigung, meine Wutausbrüche weiterhin auf die anderen zu schieben. Die böse Oma, die mich nicht beachtet hat, muss nicht mehr als Sündenbock für meine Probleme herhalten. Auch nicht der lieblose Papa, der dem Bruder mehr Taschengeld gegeben hat als mir. Wir selber, wir allein, sind für das verantwortlich, was wir aussäen. Welch herrliche Perspektive wird dadurch für unser Leben und unsere Beziehungen eröffnet! Wir lieben zuversichtlich, furchtlos, kompromisslos, in der Gewissheit, von Gott selber getragen und geführt zu sein, denn *»die vollkommene Liebe treibt die Furcht aus« (1. Johannes 4,18).*

Es ist ein Lebensstil, der geübt werden muss, weil er jeder Regung des Zeitgeistes wie auch unserem eigenen Egoismus widerspricht. Deshalb kommt es auf die kleinen täglichen Entschlüsse an: loben, wenn es einfacher wäre zu schimpfen. Danken, anstatt zu klagen. Freundliche Worte sprechen, anstatt griesgrämig zu schweigen. Anderen Raum geben in Gesprächsrunden, auch wenn es mehr Spaß machen würde, selber im Mittelpunkt zu stehen. Nicht immer Andeutungen machen, wie toll ich mich finde. Oder Anspielungen fallen lassen, dass ich hier die Expertin bin, dass ich mich auskenne, der coolste, wichtigste Mensch in diesem Raum bin. Nicht immer nach Mitleid und Zuwendung suchen, mich übersehen, unbeachtet, benachteiligt fühlen. Von dem spitzen Kommentar absehen, der gerade über meine Lippen gleiten wollte – und stattdessen etwas Erbauliches sagen. Nicht immer jeden Streit partout gewinnen wollen. Es aushalten, wenn ich beschimpft werde oder Kritik ertragen muss. Versuchen, meine Rede von jeder Spur von Eitelkeit und Eigenliebe frei zu halten. Und wenn es mir nicht gelingt, mich postwendend entschuldigen. Oder einfach herzhaft über mich selber lachen und innerlich beschließen, in Zukunft mehr auf mein Verhalten zu achten.

So praktisch kann diese Frucht des Geistes sich in meinem Leben auswirken. Wenn ich mich von Gottes Gegenwart, seinem Wort und seinem Geist prägen lasse, dann nehme ich meine Gedanken, Worte und Reaktionen schneller unter die Lupe. Ich habe das Bedürfnis, mich zu ändern, schaue von mir selber weg, nehme die Dinge nicht so persönlich. Mein Gewissen wird belebt. Nicht mehr »die Frau, die du mir gegeben hast« ist an allem schuld, nicht mehr »die Schlange, die du in den Garten gelassen hast«, sondern *Kyrie eleison* – »Herr, erbarme dich« bzw. »Sei du mir, dem Sünder, gnädig!«. Ich bin es, der Rettung und Hilfe braucht. Stellen wir uns doch einmal vor, wie fröhlich, lustig und unbelastet unsere Ehen, Familien, Gemeinden wären, wenn wir alle so leben würden!

Aber das ist nur der Anfang der »Früchte, die nach Gott schmecken«. Es folgen acht weitere!

ZUM NACHDENKEN

Wie ausgeprägt ist die Frucht der Liebe in meinem Verhalten? Wo habe ich mich heute schon dabei ertappt, mich selber großmachen zu wollen, andere nicht zu beachten, Beziehungen mit Berechnung und nicht mit selbstloser Liebe zu pflegen?

2. FREUDE:

Weg mit dem Essig und der Schnute – das Lachen neu entdecken

Geh aus, mein Herz, und suche Freud
in dieser lieben Sommerzeit
an deines Gottes Gaben;
schau an der schönen Gärten Zier,
und siehe, wie sie mir und dir
sich ausgeschmücket haben.
Paul Gerhardt[8]

Versuch es mit Freude

»Liebe, Freude, Friede, Langmut, Freundlichkeit, Güte, Treue, Sanftmut, Enthaltsamkeit« (Galater 5,22-23) – so sieht die Frucht aus, die nach Gott schmeckt. Wer von uns schätzt nicht diese Eigenschaften an Menschen, mit denen er zusammenlebt und arbeitet – in der Familie, in der Gemeinde, im Beruf? Und wer von uns sehnt sich nicht, tief im Innern, danach, selber so ein Mensch zu sein?

Ein Jugendleiter hatte mit großem Aufwand alle möglichen Tricks probiert, um träge Teenager in das Gemeinde-Jugendtreffen zurückzulocken. Tischkicker, moderne Lobpreismusik, spannende Spiele, coole Aktionen und Ausflüge, ein Top-Medienaufgebot, alles nach aktuellsten Textbuchtricks der flottesten Gemeinde-Modemacher. Ein Highlight jagte das andere. Irgendwann warf er frustriert das Handtuch. Die Jugendlichen waren von seinen Anstrengungen nicht beeindruckt und bissen auf den Köder nicht an.

»Versuch es mit Freude«, sagte ihm eine ältere Dame aus der Gemeinde.

»Wie – mit Freude?«, fragte der Jugendleiter verblüfft.

»Wo sammeln sich Jugendliche? Wo sammeln sich Menschen überhaupt?«, antwortete die Dame. »Dort, wo Freude herrscht, wo gelacht wird, wo Augen funkeln und Gesichter strahlen, wo die Luft von fröhlichem Geplauder summt und die Leute nicht mehr nach Hause gehen wollen.«

»Kostet weniger Arbeit als aufwendige Aktionen«, fügte sie schmunzelnd hinzu, »und weniger Geld. So angespannt und grimmig, wie du wirkst, fühlt sich kein Jugendlicher von deinen Einladungen angesprochen! Du schreckst sie ab. Und bring immer Kekse und Knabbersachen mit! Gemeinsam essen und feiern – da kommen die Leute wieder.«

»Aber kein 5-Sterne-Menü«, schickte sie noch hinterher. »Die Jugendlichen sollen die Sachen selber mitbringen, auftischen, hinterher aufräumen …«

Manchmal ist der Aufwand, mit dem Christen versuchen, mit den neuesten Trends mitzuhalten und das Interesse ihrer Mitmenschen zu wecken, in der Tat beklemmend. Mich erschreckte es, als ein Hauskreisleiter einmal erzählte, er bräuchte einen ganzen Tag, um sich auf den Hauskreisabend vorzubereiten. Kein Wunder, dass er immer gestresst war und sich über zu viele Gemeindetermine beklagte.

Ein Lobpreisleiter verriet mir einmal, dass er regelmäßig eine halbe Woche damit verbrachte, die Lobpreiszeit am Sonntag gründlich vorzubereiten, wenn er an der Reihe war. Übergänge, Wiederholungen, Zwischenspiele, Tonartwechsel – alles wurde genau festgelegt und nichts dem Zufall überlassen. Eine Sache fehlte in den Gottesdiensten, bei denen er das Singen leitete, jedoch: Freude. Vor lauter Konzentration auf schon wieder einen neuen Text und schon wieder ein neues Instrumental-Arrangement konnte keiner der Musiker richtig auf Gott schauen. Die alten Choräle mit ihren einfachen Vierzeilern und eingängigen Reimen haben es doch irgendwie in sich.

Natürlich sind Schlampigkeit und mangelnde Vorbereitung keine christliche Tugend. Wie bei so vielen Themen liegt die Lösung irgendwo in der Mitte, im »Sowohl-als-auch«. Das eine tun, ohne das andere zu lassen.

Christenkritiker und Atheist Friedrich Nietzsche schrieb einmal: »Ihr aber, wenn euer Glaube euch selig macht, so gebt euch auch selig! Eure Gesichter sind immer eurem Glauben schädlicher gewesen als unsere Gründe! Wenn jene frohe Botschaft eurer Bibel euch ins Gesicht geschrieben wäre, ihr brauchtet den Glauben an die Autorität dieses Buches nicht so halsstarrig zu fordern: Eure Werke, eure Handlungen sollten die Bibel fortwährend überflüssig machen, eine neue Bibel sollte durch euch fortwährend entstehen! So aber hat alle eure Apologie des Christentums ihre Wurzel in eurem Unchristentum; mit eurer Verteidigung schreibt ihr eure eigene Anklageschrift.«[9]

Oft bin auch ich versucht, in überfrachteten, stressigen Situationen wie die alte Dame in die Runde zu rufen: »Versucht es mal mit Freude!« Das Erlöst-Aussehen ist wichtiger als jede Aktion, die wir in mühsamer Kleinarbeit ausarbeiten, jede Stilfrage, die wir in endlosen Dauerschleifen in unseren Gemeinden diskutieren. Beides zusammen, aber in der richtigen Reihenfolge – zuerst Freude, danach Programme –, ist keine schlechte Kombination. Ein Prediger wurde einmal gefragt, was seiner Meinung nach die Merkmale einer erfolgreichen Gemeinde seien. Er dachte kurz nach, schmunzelte und antwortete: »Wenn die Männer laut und inbrünstig singen und wenn überall fröhlicher Kinderlärm zu hören ist.«

Nicht die reibungslosen Abläufe machen die Qualität unseres Miteinanders aus, sondern ausgelassene Freude: die Freude am Herrn, die Freude an der Anbetung, die Freude an Jesu Erlösungswerk am Kreuz, die Freude an seinem Wort und an unserem Miteinander. Dieses Gesamtpaket hat Kraft und Ausstrahlung in einer Welt, die wenig Freude kennt. Ich ertappe mich selber immer wieder dabei, wie ich mich über unsaubere Abläufe in einem Gottesdienst aufrege. Über die falsche Rechtschreibung im Liedtext an der Leinwand. Über schiefe Töne bei der Livestream-Übertragung, Aussagen in der Predigt, die missverstanden werden könnten. Und immer wieder werde ich eines Besseren belehrt: Ich erkenne, dass diese Ungereimtheiten meine Mitmenschen meist weniger stören als mich. Die fröhliche Atmosphäre, der liebevolle Umgang miteinander und mit Fremden, die zum ersten Mal da sind, haben viel mehr Gewicht als das makellose Programm auf der Bühne. Menschen wollen eine Familie. Veranstaltungen mit GmbH-Flair haben wir in der Welt genug.

Freude – Grundstimmung der Bibel

Die besucherfreundliche Megachurch-Kultur aus den USA war ein zweischneidiger Segen, trieb gerade kleinere Gemeinden in den Stress, mit ihren Gemeinden beeindrucken zu wollen. Erlebnisse mit Gott zu vermarkten, eine gute Sonntagsshow zu bieten, die mit dem Wunsch einer müden Bevölkerung, einmal am Wochenende auszuschlafen, konkurrieren und Leute zurück auf die Kirchenbänke locken konnte. Aus Kirche wurde Unterhaltung, je aufwendiger, desto besser.

Nur genau das ist nicht das Merkmal einer guten Gemeinde. Es gibt andere Orte, an denen wir unterhalten werden können, und viele Leute, die es besser machen als wir. Das Besondere an Kirche ist, dass wir von der »Showtime« der Welt eine Pause haben dürfen. Die Kirche ist der Ort, an dem wir normal, durchschnittlich, fehlerhaft sein dürfen und trotzdem oder gerade deswegen wichtig und geliebt sind! Das Alleinstellungsmerkmal einer Kirche ist die Gegenwart Gottes und die Freude, die in uns aufsteigt, wenn zwei oder drei in seinem Namen versammelt sind und wir ihm begegnen dürfen.

»Freut euch im Herrn allezeit! Wiederum will ich sagen: Freut euch!«, schreibt Paulus unmissverständlich an seine Freunde in Philippi (Philipper 4,4). Dass diese Worte nicht in einem einmaligen Höhenflug von übergeistlichem Eifer geschrieben wurden, sondern ernst gemeint sind, wird in fast jedem Buch der Bibel unterstrichen. Bei den jährlichen Festen im Jahreskalender der Israeliten wurde Freude als Hauptposten auf dem Programm verordnet: *»Und ihr sollt euch am ersten Tag prächtige Baumfrüchte nehmen, Palmwedel und Zweige von dicht belaubten Bäumen und von Bachpappeln und sollt euch vor dem Herrn, eurem Gott, sieben Tage freuen« (3. Mose 23,40).*

Kein Kleingedrucktes mit Ausnahmen für die, die gerade keine Lust haben, fröhlich zu sein, auch nicht für die, die gute Gründe haben, sich nicht zu freuen, die einen Schicksalsschlag erlebt, Verluste erlitten haben, die in Trauer sind. Gott mutet seinen Leuten ganz schön was zu. Freude wird als selbstverständlich und normal dargestellt, als ob es einen Knopf gäbe, auf den ich einfach drücken muss, und schon breiten sich die Lachfalten auf meinem Gesicht aus.

Nicht nur in den Büchern von Mose finden wir den Befehl, fröhlich zu sein. Auch die Psalmen sind voll davon, neben den

Klagepsalmen gibt es immer wieder Aufforderungen zu Jubel und Lobpreis. Die Musiker und Dichter, die diese bewegenden Freudentexte verfasst haben, allen voran König David, wollten sie mit hochwertiger Instrumentalbegleitung vorgetragen sehen. Überall in den Psalmen finden wir ausgelassene Ausbrüche von Glück und Begeisterung. Nicht unsere fromme westliche »Freude«, die so tief und verborgen ist, dass sie unter den gebeugten Häuptern und grimmigen Mienen vieler Gottesdienstbesucher kaum zu erkennen ist. Die Freude der Bibel klingt anders:

- »Opfer voller Jubel will ich opfern in seinem Zelt, ich will singen und spielen dem Herrn« (Psalm 27,6).
- »Spielt dem Herrn, ihr seine Getreuen, und preist seinen heiligen Namen!« (Psalm 30,5).
- »Fülle von Freuden ist vor deinem Angesicht, Lieblichkeiten in deiner Rechten immerdar« (Psalm 16,11).

Die Psalmen 149 und 150 lesen sich wie ein Dirigentenhandbuch für eine lautstarke Chorbegleitung: Bläserchöre, Percussion, Saiteninstrumente – ein Aufgebot von Top-Instrumentalisten der musikalischen Welt. Sogar der Verfasser des Prediger-Buches – nicht gerade für seine optimistische Grundstimmung oder sein sonniges Gemüt bekannt – greift diesen Gedanken auf: *»Geh hin, iss dein Brot mit Freude und trink deinen Wein mit frohem Herzen! Denn längst hat Gott Wohlgefallen an deinem Tun« (Prediger 9,7).*

Und schließlich erhalten wir noch einen wertvollen Tipp in Bezug auf unsere Gesundheit: *»Ein fröhliches Herz bringt gute Besserung, aber ein niedergeschlagener Geist dörrt das Gebein aus« (Sprüche 17,22).*

Freude am Herrn – Heuchelei, oder was?

Aber – Moment. Was ist, wenn mir wirklich nicht nach Freude ist? Ist es dann nicht pure Heuchelei? Muss ich Freude vortäuschen? Schauspielern? Was ist, wenn jemand, den ich lieb habe, gestorben ist? Wenn eine Ehe oder die Beziehung zu einem Kind in die Brüche geht? Wenn schon wieder ein christliches Dorf in Nigeria dem Erdboden gleichgemacht wurde? Oder irgendwo in dieser Welt erneut Kriegsdrohungen aus dem Mund eines machtgierigen Herrschers ausgespuckt werden? Wenn Menschen überall in der Welt für ihren Glauben verfolgt und drangsaliert werden? Oder wenn ich selber sehr krank bin?

Bibelleser wissen, dass im Wort Gottes nicht alles eitel Sonnenschein ist. Im Gegenteil. Zwischen den Aufforderungen zur Freude finden wir herzzerreißende Klagen, Blicke in dunkle Abgründe, die fast nicht auszuhalten sind – seitenweise. Die Bibel ist ein dickes Buch, nicht weil sie ein Handbuch für die Pflege von Glückshormonen ist, sondern weil auf ihren Seiten so viele Heulkrämpfe zu finden sind. Gerade im Buch der Psalmen, der Quelle vieler unserer peppigen Lobpreistexte, finden wir die leidenschaftlichsten Hilfeschreie. Ganze sechzig Psalmen sind Klagepsalmen. Auch Jeremia und Hiob kämpfen beim Schreiben ihrer Erlebnisse ununterbrochen mit den Tränen. Weinen gehörte im Alten Testament zur Jobbeschreibung eines Propheten. Diese Männer waren in der Regel hochsensible Charaktere und litten in der Ausführung ihres von Gott gegebenen Auftrags schlimme seelische Qualen.

Die Bibel bringt es fertig, uns zur Freude aufzurufen, während sie im gleichen Atemzug ungeschminkt und schonungslos die Härten des Lebens schildert. Es muss sich also um eine andere Art von Freude handeln, als wir sie normalerweise kennen. Das, was wir als die Freuden unseres Alltags erleben, ist in der Regel situationsbedingt: Ich bekomme ein Lob vom Chef oder von einem Kollegen – ich freue mich. Das Kind kommt gesund zur Welt – ich freue mich. Die Diagnose vom Arzt ist doch nicht das, wovor ich mich gefürchtet habe – ich freue mich.

Die Freude, zu der die Bibel einlädt, ist hingegen eine andere. Sie hängt nicht von meinen momentanen Lebensumständen ab. Es wird auch nicht von mir erwartet, dass ich mich verstelle, eine Fröhlichkeit vortäusche, die nicht echt ist. Biblische Freude ist vielmehr die Einladung, in eine andere Welt einzutauchen. Immer wieder ein größeres Bild in mir zu erwecken, das sich jenseits aktueller Umstände, Rückschläge und Herausforderungen im Herzen derer entfaltet, die danach suchen. Es ist das »Ja, aber …«, das »Und dennoch«, das wir in vielen Psalmen finden. Die Schaltstelle, an der wir unseren Blick erheben – weg von den Problemen, zurück auf den Herrn.

Wenn Gott das Thema wechselt

Das, was diese Freude mit mir macht, ist ähnlich wie das, was ich mit einem kleinen Kind mache, wenn es hysterisch schreit. Ich lenke es ab. Ich zeige ihm eine Schnecke im Garten, schaue mit ihm die Regentropfen an, die am Fenster platschen, gehe mit ihm spazieren, biete ihm einen Keks an. Bald bekommt das Kind wieder Perspektive. Es weiß, dass es nicht alleine ist, dass jemand nach ihm schaut. Ob das ursprüngliche Problem gelöst wird oder nicht, ist plötzlich nicht mehr so wichtig.

Zugegeben, ein banales Beispiel, aber so ist es – auf einer ganz anderen Ebene – mit der Freude am Herrn. Der Liedermacher und Theologe Paul Gerhardt hat es uns vorgemacht. Ausgerechnet der Mann, der im weltlichen Sinne wenig im Leben hatte, worüber er sich freuen konnte, schrieb die Worte: »Geh aus, mein Herz, und suche Freud«. Freude geschieht nicht von alleine, sie muss gesucht werden. Ein Mann, der Kinder und Frau verlor, der aufgrund seiner Bibeltreue in endlose theologische Kontroversen verwickelt wurde, der erleben musste, wie ganze Dörfer durch Pest und Krieg ausgelöscht wurden, lenkt unseren Blick auch heute noch auf die Lerche, die sich in die Luft schwingt, der »schönen Gärten Zier«, das Täublein, das »aus seiner Kluft« fliegt. Mitten in dunklen Zeiten malt Paul Gerhardt mit seinen Texten ein ergreifendes Bild der Herrlichkeit Gottes, er ringt geradezu nach Worten, um das Glück, das in seinem Herzen aufsprudelt, angemessen zu beschreiben:

Ich selber kann und mag nicht ruhn,
des großen Gottes großes Tun
erweckt mir alle Sinnen;
ich singe mit, wenn alles singt,
und lasse, was dem Höchsten klingt,
aus meinem Herzen rinnen.[10]

Das ist Freude. Das sind die Worte eines Dieners Gottes, der die Realität des Lebens nicht verdrängt oder versucht, die Trübsale dieser Zeit durch irgendwelche Süchte in Vergessenheit geraten zu lassen. Stattdessen hat er eine tiefere Realität entdeckt, eine Freude, die ihre Quelle in einer anderen Welt hat. Lobgesang mitten in tiefster Not ist keine Heuchelei, sondern eine realistische Vorwegnahme, eine gespannte Erwartung der Freude, die nur der Himmel schenken kann. Wir sehen jetzt, laut dem Apostel Paulus, *»mittels eines Spiegels undeutlich, dann aber von Angesicht zu Angesicht. Jetzt erkenne ich stückweise, dann aber werde ich erkennen, wie auch ich erkannt worden bin« (1. Korinther 13,12).*

Die Bibel erwartet nicht, dass wir Freudensprünge machen, wenn das Schicksal zuschlägt, wenn die Freundin sich davonmacht, wenn das Geld knapp wird, das Kind plötzlich kein Wort mehr mit uns redet. Sie hilft uns aber, auf ein anderes Narrativ umzuschalten, den Blick auf den Herrn zu richten und trotz und in allem zu *»strahlen vor Freude« (Psalm 34,6; LUT).*

Jesus erklärt den Jüngern kurz vor seinem Tod, wie das gemeint ist: *»Auch ihr nun habt jetzt zwar Traurigkeit; aber ich werde euch wiedersehen, und euer Herz wird sich freuen, und eure Freude nimmt niemand von euch« (Johannes 16,22). »Bis jetzt habt ihr nichts gebeten in meinem Namen. Bittet, und ihr werdet empfangen, damit eure Freude völlig sei!« (Johannes 16,24).*

Der Prophet Jesaja lässt uns die zukünftige Freude von Gottes Welt in ihrer ganzen Pracht schauen. Vielleicht haben Paul Gerhardt und andere Dichter, die mitten in der Not festen Boden unter den Füßen gesucht haben, hier ihre Inspiration gefunden. Für jede Art von Leid auf dieser Erde gibt es in der Vision des Propheten die felsenfeste, unerschütterliche Aussicht auf Erlösung. Die, die gesundheitlich angeschlagen oder bettlägerig sind, erfahren, dass *»der Lahme springen (wird) wie ein Hirsch, und jauchzen wird die Zunge des Stummen« (Jesaja 35,6).* Heimatlose und Vertriebene können sich auf folgende Zukunft freuen: *»Die Befreiten des Herrn werden zurückkehren und nach Zion kommen mit Jubel, und ewige Freude wird über ihrem Haupt sein. Sie werden Wonne und Freude erlangen, Kummer und Seufzen entfliehen« (Jesaja 51,11).* Vom Leben gezeichnete und geplagte Seelen dürfen aufhorchen und tief durchatmen, denn *»Auge in Auge sehen sie, wie der Herr nach Zion zurückkehrt«.* Sie werden aufgefordert: *»Brecht in Jubel aus, jubelt allesamt, ihr Trümmerstätten Jerusalems! Denn der HERR hat sein Volk getröstet, hat Jerusalem erlöst!« (Jesaja 52,8-9).*

Hier ist nicht von einer gedämpften Freude die Rede oder der beklemmenden Stimmung, die entsteht, wenn Christen regungslos in Kirchenbänken sitzen und über eine Freude singen, von der weder in ihrer Gestik noch in ihrem Gesichtsausdruck oder ihrem Umgang mit anderen irgendetwas zu ahnen ist. Diese Zeilen sprechen von einem ausgelassenen Jubel, von der Feststimmung nach einer guten Nachricht, nach einem unerwarteten Geschenk, von einem erlösenden Glück, das man nicht für sich behalten kann.

»Denn in Freuden werdet ihr ausziehen und in Frieden geleitet werden. Die Berge und die Hügel werden vor euch in Jubel ausbrechen, und alle Bäume des Feldes werden in die Hände klatschen« (Jesaja 55,12). »Vielmehr freut euch und jauchzt allezeit über das, was ich schaffe! Denn siehe, ich schaffe Jerusalem zum Jauchzen und sein Volk zur Freude« (Jesaja 65,18).

Die Vision, die die Bibel vom Himmel malt, ist ansteckend, mitreißend. Wir leben auf Hoffnung hin, wir haben hier keine bleibende Stadt. Die Hochs, Tiefs und Hürden des Lebens dienen dazu, uns diese Wahrheit ständig vor Augen zu halten. Je mehr wir in diese Texte eintauchen, von unserer himmlischen Zukunft träumen, uns prägen lassen von diesen Verheißungen, desto öfter stoßen wir auf die Freudenquelle, die auch in den dunkelsten Zeiten Kraft und Hoffnung hervorsprudeln lässt.

Der beliebte amerikanische Pastor Timothy Keller sagte kurz vor seinem Krebstod im Mai 2023: *»I'm thankful for all the people who've prayed for me over the years. I'm thankful for my family, that loves me. I'm thankful for the time God has given me, but I'm ready to see Jesus. I can't wait to see Jesus. Send me home.«* (Ich bin dankbar für all die Menschen, die im Lauf der Jahre für mich gebetet haben. Ich bin dankbar für meine Familie, die mich liebt. Dankbar für die Zeit, die Gott mir gegeben hat, aber ich bin bereit, Jesus zu begegnen. Ich kann es kaum erwarten, Jesus zu sehen. Schickt mich nach Hause.)[11]

Timothy Kellers Predigten über den Himmel haben mich in einer Zeit der tiefen Trauer begleitet und mir geholfen, mitten in den Tränen von der *»Stadt, die Grundlagen hat, deren Baumeister und Schöpfer Gott ist«* zu träumen (Hebräer 11,10). Die Verfasser der biblischen Texte, deren Erkenntnisse eine Vielfalt von Kulturen, Sprachen und Epochen überspannen, erzählen alle die gleiche Geschichte. Sie laden alle dazu ein, in die himmlische Welt hineinzublicken und dort Schätze zu finden, die sich tiefer in unser Denken und Fühlen einnisten als alles, was unsere natürlichen Augen sehen und unsere Seele von sich aus empfinden kann.

Petrus, der drei Jahre lang ganz nah bei Jesus gewesen ist, lädt die Leser seiner Briefe ein, an den zu glauben, *»über den ihr mit unaussprechlicher und verherrlichter Freude jubelt« (1. Petrus 1,8).* Der Apostel Paulus sieht die Freude im Herrn als eine Art Pfand oder Anzahlung, durch die wir das zukünftige Zeitalter im Hier und Jetzt schon ansatzweise schmecken dürfen. Er betet, dass *»der Gott der Hoffnung«* uns *»mit aller Freude«* erfülle, *»damit ihr überreich seid in der Hoffnung durch die Kraft des Heiligen Geistes!« (Römer 15,13).* Christen sind Menschen, die auf Hoffnung hin leben (vgl. Römer 8,24)!

Der Traum vom Himmel

Wenn ich diese Aufforderungen zur Freude lese, blicke ich flüchtig in eine Welt hinein, die ich mit meinen natürlichen Sinnen noch nicht erfassen kann, nach der ich mich aber sehne. Ich höre auf, mir den Himmel von pummeligen kleinen Engelchen bevölkert vorzustellen, voll mit Schaum, Gold, weißen Wolken und Harfe spielenden Cherubinen. Wer in aller Welt kam auf solche Ideen? Die Bibel macht den Himmel unwiderstehlich. Die Männer – wie Jesaja, Daniel, Johannes –, die versuchen, ihn zu beschreiben, sind immer wieder sprachlos vor Staunen, finden keine passenden Worte, um das zu schildern, was sie in ihrem Geist sehen. Hier finde ich eine Freude, die mich mit Zuversicht füllt, auch wenn das Gewitter droht. Eine Freude, die trägt, auch wenn sich Verlust und Trauer bereits von ferne ankündigen. Eine Gefühlswelt, die von einer tieferen Kraft gespeist wird, als es die Ungewissheiten einer zerbrechlichen Welt bieten können.

Gerade diese Freude muss eine Gruppe von tapferen Männern durchgetragen haben, deren Todesstunde 2015 auf den Bildschirmen dieser Welt präsentiert wurde. Sie waren in orangene Gewänder gekleidet und knieten in einer langen Reihe an einem Strand irgendwo im Nahen Osten, die Hände hinter dem Rücken festgebunden. Ihre Henker standen mit gezücktem Schwert vor ihnen, die Gesichter von schwarzen Balaklavas verhüllt, bereit, den Gefangenen mit einem Hieb den Kopf vom Körper zu trennen. Aber die Gefangenen sangen. Und sangen. Sie schienen die grausige Situation, in der sie sich befanden, gar nicht richtig wahrzunehmen. Melodien aus der ägyptisch-koptischen Tradition, einer der ältesten christlichen Kirchen, summten sie vor sich hin.

Sie waren von der IS-Terrorgruppe entführt worden, die an ihnen ein Exempel statuieren wollten: So sollen alle enden, die sich der totalitären IS-Herrschaft nicht beugen wollen. Diese Bilder haben sich tief in mein Gedächtnis eingeprägt, immer noch begleitet von der Mischung aus Schmerz, Empörung und Verwirrung, die ich in jenen Tagen empfand. Die Frauen und die Kinder dieser Männer – was würde aus ihnen werden? Und überhaupt: Wie steht es mit den kleinen Kindern, die ungefragt mit ihren Eltern zusammen den Preis der Nachfolge bezahlen müssen? Können sie ebenfalls Loblieder summen? Hat die Hinrichtung wehgetan? Welche Gedanken sind den Märtyrern in diesen Augenblicken durch den Kopf gegangen?

Allen anderen Grübeleien voran beschäftigte mich die unbequeme Frage: Wie würde es mit meinem Glauben aussehen, wenn mich dieses Schicksal treffen würde?

Was diese Männer in jenem Moment gebetet oder gedacht haben, wissen wir nicht. Denn ihre Gesichter sah man nicht, ihre Köpfe waren gebeugt. Aber der Gesang hallt immer noch in meinen Ohren nach. Leidenschaftlich, intensiv. Die Henker taten mir mehr leid als die zum Tode Verurteilten. Unsere westliche Frömmigkeit kam mir auf einmal so kraftlos und fad vor. Besuche in Sonntagsgottesdiensten seit frühester Kindheit. Auswendig gelernte Bibelabschnitte. Die banalen Irritationen und Streitereien in Gemeinden, die sich den Luxus von Nichtigkeiten leisten können, weil sie nie Gegenwind erlebt haben, für ihren Glauben nie einen Preis bezahlen mussten. Was nützt das alles, wenn ich nicht bereit wäre, wie diese Männer das ultimative Opfer für meinen Glauben zu bringen? Wie ernst ist es mir wirklich mit dem Evangelium?

Jakobus erklärt in seinem Brief das geistliche Prinzip, das sich diese ägyptischen Märtyrer offensichtlich zu Herzen genommen haben: *»Haltet es für lauter Freude, meine Brüder, wenn ihr in mancherlei Versuchungen geratet«*, schreibt er an Christen, die es im Leben alles andere als einfach haben, *»indem ihr erkennt, dass die Bewährung eures Glaubens Ausharren bewirkt« (Jakobus 1,2-3).* Diese Freude entsteht, wenn wir das machen, was die koptischen Christen kurz vor ihrer Hinrichtung getan haben: unsere Augen auf ein höheres Glück richten statt auf alles, was diese Welt zu bieten hat. Das Glück, nach dem verfolgte Christen zu jeder Zeit der Weltgeschichte gegriffen haben, ob in den römischen Amphitheatern, als sie den Löwen zum Fraß vorgeworfen wurden, oder in den christenfeindlichen Staaten, deren Bewohner bei lebendigem Leib verbrannt werden, nur weil in ihren Häusern eine Bibel gefunden wurde.

Vielleicht ist diese Qualität von Freude, von der im Wort Gottes so energisch die Rede ist, nur möglich in den Grenzsituationen, die für die meisten Christen zu allen Zeiten der Normalfall gewesen sind. Wenn in dieser Welt alle ablenkenden, vergänglichen Lichter ausgehen, die uns reiche Christen so sehr in ihren Bann ziehen, sehen wir plötzlich die Lichter des Himmels. Und die Freude des Himmels bleibt uns so lange vorenthalten, wie wir unsere Freude in den Sicherheiten und Vergnügungen dieser Welt suchen.

Das Ende der Geschichte kennen

Die Freude, die Gott gerade in den dunkelsten Abgründen dieses Lebens schenkt, ist die froh machende Aussicht, dass kein Leid auf dieser Erde für immer dauern wird. Es ist die Vorfreude auf jenen Tag, an dem der Herr selbst seine treuen Diener mit den Worten begrüßen wird: *»Recht so, du guter und treuer Knecht! Über weniges warst du treu, über vieles werde ich dich setzen; geh hinein in die Freude deines Herrn« (Matthäus 25,23).*

Das ist der Kontext, in dem Jakobus uns auffordert, es »für lauter Freude« zu halten, wenn Widrigkeiten kommen. Denn wie nichts anderes erinnern uns die Trübsale dieses Lebens daran, dass diese Welt nicht unsere Heimat ist, dass es ein bleibendes Glück gibt, das nur der Himmel schenken kann. Die Enttäuschung nach der verpatzten Klausur, das gebrochene Herz, wenn eine Freundschaft auseinanderbricht, der Kummer um das Kind, das aus dem Familienleben ausgestiegen ist, die Sorge, dass die Krankheit etwas

Schlimmes sein könnte, die schmerzhafte Leere und Einsamkeit nach dem Tod eines geliebten Menschen – all diese »Versuchungen« sind wie ein göttlicher Fingerzeig nach oben. Nicht die Freude an unseren Umständen ist unsere Kraft, sondern, um es mit den Worten des Priesters Esra an das Volk Gottes mitten in extremen Umbruchszeiten zu sagen: *»Seid nicht bekümmert; denn die Freude am Herrn ist eure Stärke« (Nehemia 8,10; LUT).*

Jesus hat selber vorgelebt, wie die Vorfreude auf die kommende Herrlichkeit Kraft gibt, Leid zu ertragen. Im Hebräerbrief wird er als Anfänger und Vollender unseres Glaubens bezeichnet, *»der um der vor ihm liegenden Freude willen die Schande nicht achtete und das Kreuz erduldete und sich gesetzt hat zur Rechten des Thrones Gottes« (Hebräer 12,2).* Wenn diese himmlische Freude sogar den Horror einer römischen Kreuzigung übertrumpft, muss sie wahrhaftig etwas Überwältigendes sein!

Paulus lüftet das gleiche Geheimnis in seiner Passage über Freude: *»Ich habe gelernt, mich darin zu begnügen, worin ich bin. Sowohl erniedrigt zu sein, weiß ich, als auch Überfluss zu haben, weiß ich; in jedes und in alles bin ich eingeweiht, sowohl satt zu sein als auch zu hungern, sowohl Überfluss zu haben als auch Mangel zu leiden. Alles vermag ich in dem, der mich kräftigt« (Philipper 4,11-13).*

Die Grundhaltung, die Paulus hier – und in diesem ganzen Kapitel – beschreibt, kommt nicht von ungefähr, sie muss trainiert werden. Paulus hat *gelernt*, sich mit dem zu begnügen, was er hat. Seine Freude ist nicht von äußeren Umständen oder von einem bestimmten Level des Wohlstandes abhängig, sondern sie fließt aus einer Quelle, die direkt am Himmel angeschlossen ist. Jesus muss etwas Ähnliches gemeint haben, als er sagte: *»Wer an mich glaubt, wie die Schrift gesagt hat, aus seinem Leibe werden Ströme lebendigen Wassers fließen« (Johannes 7,38).* Der Glaube an Jesus ist die Kraft, die dieses frische Wasser von innen heraussprudeln lässt. Mit anderen Worten, der Glaubende hat seine Kraftquelle immer direkt bei sich: Jesu Nähe, seine Verheißungen, seinen Beistand in Zeiten der Not.

Wenn ich einen Roman schreibe, weiß ich etwas, was meine Leser noch nicht wissen können – dass letztlich alles gut ausgehen wird. Ich kann meinen Protagonisten mit innerer Gelassenheit manche Hürdenläufe und Rückschläge zumuten, denn ich kenne das Ende der Geschichte. Die Helden werden überwinden, die Bösewichte werden bestraft. Auch wir kennen das Ende der Geschichte, dürfen schon im Vorfeld die Atmosphäre von jenem Tag erahnen, an dem alle Tränen abgewischt werden (Offenbarung 21,4), und uns bis dahin getröstet den Herausforderungen des Alltags stellen.

Mehr als nur Gefühle

Es ist klar, dass die Freude am Herrn zunächst einmal wenig mit Gefühlen zu tun haben kann. Natürlich fühle ich mich nicht fröhlich, wenn ich kurz vor dem Urlaub plötzlich eine Grippe bekomme, wenn jemand sich über meinen Glauben lustig macht oder bei einer lieben Freundin Metastasen diagnostiziert werden. Den Horror von unerwarteten Schicksalsschlägen, das Trauma von Verlust und Trauer – das kennt die Bibel nur zu gut. Die »Freude am Herrn« ist etwas ganz anderes als die oberflächlichen und vorübergehenden Spaßmomente, die diese Welt bietet. Denn sie zapft feste Glaubensüberzeugungen an, die viel tiefer liegen als die flatterhaften Launen unserer Gefühlswelt.

»Deine Gefühle sind gerade ziemlich unrelevant«, tröstete mich meine Schwester in einem Augenblick zermürbender Trauer nach dem Tod meines Vaters. »Halte den Schmerz aus, du kannst ihn weder ändern noch ausschalten. Schreib die Dinge auf, von denen du weißt, dass sie wahr sind, die Dinge, von denen du überzeugt bist.« Das klang streng, aber mir ging ein Licht auf: Ich muss kein breites Grinsen aufsetzen, nichts heucheln oder verdrängen, nicht so tun, als ob alles super laufen würde, wenn es der Wahrheit nicht entspricht. Freude ist möglich, wenn die Überzeugungen, die mein Leben tragen, das letzte Wort haben – wenn sie schwerer wiegen als meine momentanen Gefühle.

Ich folgte der Aufforderung meiner Schwester und schrieb spontan eine Liste von Dingen, von denen ich überzeugt bin: dass mein Erlöser lebt, dass mich nichts von der Liebe Gottes trennen kann und noch einiges mehr. Die traurigen Gefühle waren damit nicht verschwunden, aber ich wusste, dass mein Glaube letztlich die Oberhand gewinnen würde. Ich darf meine Lebenswurzel zu einer Quelle hinstrecken, die mich auch in den Durststrecken des Lebens tränkt. Die mich ruhig hält, mir aufhilft, wenn ich darniederliege, mir die Kraft gibt, mein Vertrauen täglich auf den Herrn zu setzen, ob mir danach ist oder nicht. Das ist die Freude am Herrn.

Ein Missionar, den ich flüchtig kenne, schrieb Folgendes in seinem Rundbrief, als seine Frau an Krebs erkrankte: »Wir müssen jetzt um Freude ringen. Um diese Freude zu finden, dürfen wir nicht zulassen, dass der Krebs uns definiert. Unsere Identität muss in Christus und Christus alleine ruhen. In diesem Sinne hat sich nichts verändert. Es muss um Christus gehen, es muss darum gehen, dass wir ihn mit unserem Leben verherrlichen, mit oder ohne Krebs.«

Die Mentalität der biblischen Freude, auch in guten Zeiten

Diese Identität in Christus ist weit mehr als nur das Erdulden von Widrigkeiten, nach dem Motto »Ich finde mich damit ab«. Es ist ein aktives Begrüßen der Herausforderungen, die Gott zugelassen hat, um mich näher an sein Herz zu ziehen. Von den Jüngern Jesu lesen wir: *»Sie nun gingen aus dem Hohen Rat fort, voller Freude, dass sie gewürdigt worden waren, für den Namen Schmach zu leiden« (Apostelgeschichte 5,41).*

Stephanus, der erste Märtyrer der Urgemeinde, blickte direkt in die Himmelswelt, bevor die Steine, durch die er zu Tode kam, auf ihn einprasselten: Dort *»sah er die Herrlichkeit Gottes und Jesus zur Rechten Gottes stehen; und er sprach: Siehe, ich sehe die Himmel geöffnet und den Sohn des Menschen zur Rechten Gottes stehen!« (Apostelgeschichte 7,55-56).*

Der rote Faden, der sich durch diese biblischen Episoden zieht, ist die unerschütterliche innere Verbindung zu der eigentlichen Welt, in der wir als Kinder Gottes leben – der Welt Gottes. Auch Mose wusste, dass es ein Glück gibt, das größer ist als alle Reichtümer Ägyptens. Er weigerte sich, als Prinz von Ägypten in Saus und Braus zu leben, *»und zog es vor, lieber zusammen mit dem Volk Gottes geplagt zu werden, als den zeitlichen Genuss der Sünde zu haben, indem er die Schmach des Christus für größeren Reichtum hielt als die Schätze Ägyptens; denn er schaute auf die Belohnung« (Hebräer 11,25-26).*

Wir haben biblische Beispiele von einer Freude angeschaut, die uns außer Reichweite erscheinen könnte – nur für diejenigen zugänglich, die in Verfolgung oder anderen Grenzsituationen ausharren müssen. Wie ist es mit uns, in unseren westlichen Sicherheiten, in einer trägen Glaubenskultur, die kaum auf die Probe gestellt wurde, in einem Alltag, der mehr von der Pflege unserer Hobbys, Freizeitbeschäftigungen und Anschaffungen geprägt ist als der Pflege unseres Glaubens? Bleibt uns diese Freude verwehrt?

Auch mitten im Luxus und Reichtum einer noch freien Welt können wir in uns einen Appetit auf biblische Freude wecken und pflegen. Wir müssen nicht warten, bis die Not einer gebrochenen Welt auch uns trifft, und dann hoffen, dass Gott uns mit einer übernatürlichen Freude heimsuchen wird. Stattdessen können wir unser Leben freiwillig entrümpeln und uns aus freien Stücken in der Bescheidenheit üben, die für die meisten unserer Glaubensgeschwister weltweit Standard ist. Wir können große Geldsummen an die weggeben, die in Not sind, denn Geben macht ohnehin fröhlicher als Nehmen. Uns in bewusster Dankbarkeit für die Freiheiten und Segnungen üben, die wir genießen dürfen und die alles andere als selbstverständlich sind. In Fürbitte Verantwortung für andere übernehmen, die es nicht so gut haben, uns aktiv an ihrem Schicksal beteiligen, soweit es uns möglich ist, und andere ermutigen, das Gleiche zu tun.

In unserer Gemeinde beten und spenden wir großzügig für Organisationen, die sich für verfolgte Christen einsetzen. Auf diesem Weg identifizieren wir uns innerlich mit ihrem Mangel und haben so auch Anteil an ihren Freuden: Wir freuen uns mit, wenn ein Pastor aus der Haft entlassen wird oder wenn wir von Gemeindewachstum in Untergrundgemeinden in der arabischen Welt erfahren. Manchmal sind wir sogar ein bisschen neidisch. Nebenbei werden wir ständig daran erinnert, wie gesegnet wir selber sind und wie viel Verantwortung dieser Segen mit sich bringt.

Wie wir schon gesehen haben, ist jeder Rückschlag in unserem Leben auch eine Einladung, uns nach himmlischer Freude auszustrecken. Wenn sich die Segnungen dieser Welt als zerbrechlich und von kurzer Dauer erweisen, stehen unsere Chancen gut, nach echter Freude zu suchen und sie auch zu finden. Wir können das schon jetzt in den kleinen Krisen des Alltags üben: nicht festzuhalten an den scheinbar so wichtigen Dingen, uns nicht über nichtige Kleinigkeiten aufzuregen, Momente der Freude zu entdecken und dankbar durch unseren Alltag zu gehen.

Ein Merkmal meiner Kindheit in Afrika war das ständige Kommen und Gehen um uns herum. Weil meine Eltern gastfreundliche Menschen waren, war unser Haus eine Durchgangsstation für Reisende. Die bleibende Erinnerung dieser Zeit ist das fröhliche, laute Gelächter, das unser Haus die meiste Zeit füllte. Beziehungen waren emotionale Angelegenheiten: Freudenschreie bei der Ankunft von geliebten Freunden, lange Gesichter beim Abschied. Wir hingen aneinander. Wahrscheinlich, weil das Leben so ungewiss war. Gefährliche Straßen bei launischer Witterung, Brücken, die nicht sicher waren, bewaffnete Straßenräuber, die in abgelegenen Gebieten lauerten. Eine Ankunft war in der Tat Grund zum Feiern, ein Abschied hing tagelang wie eine düstere Wolke über uns. Man wusste nicht, ob man sich jemals wiedersehen würde.

Damals schon kam mir der Verdacht, dass Freude in Situationen von Mangel und Ungewissheit bessere Chancen hat als in einem Leben der bequemen Sattheit. Mein Onkel, der seine besten Jahre bei den Inuit in der Arktis verbrachte, hat das Gleiche geahnt. Der traditionelle Abschiedsgruß in der dunklen, tiefgefrorenen Welt, die er zu seinem Zuhause machte, lautete in früheren Zeiten nicht »Auf Wiedersehen«, sondern »Falls wir uns wiedersehen«. Und dennoch – oder vielleicht gerade deswegen – lachte niemand so viel, so laut und so herzhaft wie die Inuit, denen er diente. Niemand spielte solche kreativen Streiche, niemand hatte einen derart ausgeprägten Humor, dass über fast alles gelacht wurde. Das ist kein Zufall. Wer weiß, dass alles, was ihm in dieser Welt geschenkt wird, ach so zerbrechlich ist, der freut sich daran. Umso mehr, wenn er im Bewusstsein lebt, dass eine Welt auf ihn wartet, die nicht zerbrechlich ist, und seine Hoffnung auf diese Welt setzt!

ZUM NACHDENKEN

Freude empfinden, wenn der Segen fließt – das ist kein Problem! Wie steht es mit mir, wenn mich Herausforderungen und unerwartete Krisen belasten? Wie kann ich lernen, die Freude im Herrn anzuzapfen, die unabhängig von den Umständen, meinen Lebensverhältnissen und sogar mitten in Trauer zu finden ist?

3. FRIEDE:
Die Ruhe im Sturm

Wenn ich die Evangelien richtig verstehe, sollten die Merkmale der Nachfolger Jesu Friede, Ruhe und Freude sein. Dieser Friede ist nicht zerbrechlich wie der sogenannte Friede, den die Welt gibt. Dieser Friede ist den unberechenbaren Umständen dieser Welt nicht ausgesetzt. Dieser Friede beruhigt das ängstliche Herz und besänftigt den Sturm, auch mitten im Chaos. Die Ruhe, die Jesus versprochen hat, ist eine Ruhe, die wir erleben dürfen, auch mitten in der Arbeit, denn wir gehen nicht allein durch diese Welt. Die schweren Lasten trägt Jesus selber. Während wir von ihm immer mehr lernen, wie Gott ist, und seine wunderbaren Absichten für uns entdecken, wächst unser Vertrauen auf das, was er mit unserem Leben vorhat, und die Prozesse, die er gebraucht, um uns dorthin zu bringen, wo er uns haben möchte.[12]

Gloria Gaither

Ein Friede, der nicht von dieser Welt ist

Die Früchte des Geistes, die Paulus in seinem Brief an die Galater auflistet, malen in ihrer Summe ein unwiderstehliches, gewinnendes Bild vom Leben als Nachfolger Jesu. Wer ist nicht gerne mit Menschen zusammen, die Freude und Leichtigkeit ausstrahlen, die nicht aus der Ruhe zu bringen sind, gütig und freundlich sind, sich selber nicht allzu ernst nehmen? Ich bewundere Menschen, die so sind, und möchte von ihnen lernen.

Manches ist sicher Persönlichkeitssache. Es gibt diese beneidenswerten Menschen, die von Natur aus gute Nerven haben und leichten Schrittes durchs Leben gehen, Glaube hin oder her. Wie gut ist es aber, zu wissen, dass die Früchte des Geistes nicht von Persönlichkeitsmerkmalen abhängig sind. Wenn es so wäre, hätte ich für meinen Teil keine Chance, auch nur eine dieser Früchte in mir wiederzufinden, so ängstlich, überempfindlich und hypersensibel, wie ich von Natur aus bin!

Die Frucht, die nach Gott schmeckt, ist ein Merkmal des Wesens Jesu, den wir laut dem Apostel Paulus in allem, was wir tun, nachahmen sollen: *»Seid nun Nachahmer Gottes als geliebte Kinder!« (Epheser 5,1).*

»Ich ermahne euch nun, Brüder, durch die Erbarmungen Gottes, eure Leiber darzustellen als ein lebendiges, heiliges, Gott wohlgefälliges Opfer, was euer vernünftiger Gottesdienst ist. Und seid nicht gleichförmig dieser Welt, sondern werdet verwandelt durch die Erneuerung des Sinnes« (Römer 12,1-2).

Im Leben von uns Nachfolgern Jesu hat der Heilige Geist die Aufgabe, uns christusähnlich zu machen, seine Früchte in uns zum Wachsen zu bringen. Genau das ist die Heiligung, ohne die wir, laut der Bibel, Gott nicht sehen werden: *»Jagt dem Frieden mit allen nach und der Heiligung, ohne die niemand den Herrn schauen wird« (Hebräer 12,14).* Die dritte Frucht auf Paulus' Liste ergänzt und vervollständigt die ersten beiden: Nach Liebe und Freude kommt Friede.

Der Duden beschreibt Frieden unter anderem als einen »Zustand der Eintracht, der Harmonie«.[13] Verschiedene Bilder gehen mir dabei durch den Kopf: Ich denke an die seltenen Tage, an denen ich morgens aufwache, ohne dass irgendeine Sorge an meiner Seele nagt. Ich muss zu keinem Termin losrasen, sondern habe Zeit, mich friedlich in den Tag hineinzufinden, ein wenig aufzuräumen und Nachrichten zu hören. An der Familien- und an der Gemeindefront gibt es keine größeren Krisen (zumindest keine, von denen ich wüsste), niemand ist gerade sauer auf mich oder enttäuscht von mir (jedenfalls nicht, dass ich wüsste), ich bin bei meinen Schreibprojekten auf dem Laufenden und habe sogar Zeit für den Garten und die Bügelwäsche. So sieht mein ganz persönlicher Traum von Frieden im Herzen aus.

Was unsere geistlichen Väter noch wussten

> Wenn Friede mit Gott meine Seele durchdringt,
> ob Stürme auch drohen von fern,
> mein Herze im Glauben doch allezeit singt:
> »Mir ist wohl, mir ist wohl in dem Herrn.«[14]

Der Mann, der diese Worte schrieb, hatte keinen Grund, in irgendeinem Bereich seines Lebens Frieden zu empfinden. Wer die Vorgeschichte zu dem beliebten Choral *Mir ist wohl in dem Herrn* kennt, kommt aus dem Staunen nicht heraus. Der Verfasser des Textes war Horatio Spafford, ein amerikanischer Rechtsanwalt und Geschäftsmann, der Mitte des 19. Jahrhunderts in Chicago ein beträchtliches Vermögen besaß. Er und seine Familie waren der Inbegriff einer christlichen Erfolgsstory. Diene dem Herrn, und es wird dir gut gehen: So hätte ihr Lebenszeugnis lauten können. Das heißt, bis eine Kette von Schicksalsschlägen dieses ruhige Leben erschütterte.

Die Immobilien, in die Spafford investiert hatte, wurden durch den Großen Brand von Chicago in Schutt und Asche gelegt. Er verlor alles, was er aufgebaut hatte. Kurz zuvor war sein vierjähriger Sohn schwer erkrankt und gestorben. In der Hoffnung auf Erholung für die Familie setzte Spafford seine Frau und die vier Töchter in einen Dampfer, der nach England fahren sollte, damit sie dort bei Verwandten eine Auszeit haben konnten. Er wollte wenig später nachkommen. Hätte er alles besser nicht machen sollen. Denn diese Entscheidung, so gut gemeint sie auch sein mochte, leitete die nächste Katastrophe ein.

Der Dampfer, auf dem sich die Familie befand, wurde auf hoher See von einem entgegenkommenden Schiff gerammt und ging unter. Die vier Töchter ertranken, nur Spaffords Frau überlebte. Die Worte für das Lied *Mir ist wohl in dem Herrn* schrieb Spafford offenbar, als das Schiff, mit dem er wenig später selber den Atlantik überquerte, um sich seiner Frau in England anzuschließen, die Stelle passierte, an der seine Töchter ihr nasses Grab gefunden hatten.

Wie kann ein Mensch nach einer solchen Lawine von Schicksalsschlägen auch nur eine einzige Zeile über den Frieden Gottes schreiben? Über die tragischen Umstände, unter denen er den Liedtext zu Papier bringt, verliert Spafford jedoch kein Wort. Stattdessen lenkt er seinen und unseren Blick auf ein ganz anderes Narrativ:

> Die Last meiner Sünde trug Jesus, das Lamm,
> und warf sie weit weg in die Fern;
> er starb ja für mich auch am blutigen Stamm:
> Meine Seele lobpreise den Herrn.

Mitten in unbeschreiblicher Not, Tag und Nacht durch die Horrorvorstellung von vier kleinen Leichen gequält, die in den eisigen Wellen des Ozeans für immer verloren sind, sieht er ein anderes Bild, das sein Leben als Diener Gottes bis hierher tief geprägt hat: zwei raue Balken auf einem Berg. Auf diesen Balken aufgespießt die Gestalt eines vor Schmerz brüllenden Mannes, das zerrissene

Fleisch seiner Hände und Füße mit grausamen Nägeln am Holz festgehalten. »Die Last meiner Sünde trug Jesus, das Lamm …«

Mit einem Akt des Willens erinnert sich der traumatisierte Familienvater an die eine Wahrheit, die ihm Hoffnung gibt: Nicht das, was mir in diesem Leben widerfährt, entscheidet über mein Schicksal in Zeit und Ewigkeit, sondern das, was Christus am Kreuz für mich getan hat. Nicht meine gebrochene Biografie, sondern sein vollkommenes Leben. Nicht mein zerrissenes Herz, sondern sein für mich zerrissenes Herz, nicht meine Vergänglichkeit, sondern seine Unvergänglichkeit, nicht die Brüchigkeit meines Lebenslaufs auf dieser Erde, sondern das bevorstehende Glück einer Ewigkeit in seiner Nähe im Himmel – dort, wo es keinen Schmerz, kein Leid, keinen Tod mehr geben wird.

Hier haben nicht die blutigen Wunden eines gebrochenen Herzens das letzte Wort, sondern die handfesten Fakten der Treue Gottes, die uns in seinem Wort Seite für Seite geoffenbart werden. Es gibt sie tatsächlich: konkrete Vorahnungen und tiefgründige Hoffnungen, die uns auch mitten in den grausamsten Stürmen dieses Lebens helfen, bei Sinnen zu bleiben, nicht unterzugehen, sondern unseren Blick fest auf das Kreuz zu richten.

Ein anderer Dichter, zu einer anderen Zeit und in einer anderen Kultur, fand in derselben Quelle Trost, als er die Worte schrieb:

O Haupt voll Blut und Wunden,
voll Schmerz und voller Hohn,
o Haupt, zum Spott gebunden
mit einer Dornenkron,
o Haupt, sonst schön gezieret
mit höchster Ehr und Zier,
jetzt aber hoch schimpfieret:
gegrüßet seist du mir![15]

Dieses Lied gehört bis heute zu den berühmtesten Osterklassikern. Auch dieser Liederdichter, Paul Gerhardt, hat Kinder zu Grabe tragen müssen und viele andere schlimme Dinge erlebt – und trotzdem verfasste er diesen Text.

Schon meldet sich die Skeptikerin in mir: Alles schön und gut, aber was bringt es mir, dass Jesus am Kreuz »die Last meiner Sünde« getragen hat, dass sein Haupt »mit einer Dornenkron« gebunden war, wenn meine Seele gerade einem fest zusammengezogenen Knäuel aus angstgefüllten, lähmenden Emotionen gleicht? Glaube hin oder her, wie soll mir das, was vor zweitausend Jahren in Jerusalem passiert ist, in den sehr aktuellen Turbulenzen meines eigenen Lebens helfen?

Genau mit diesem Thema befassen sich die meisten Schreiber des Neuen Testaments: Sie wollen zeigen, was das Kreuz mit mir zu tun hat – mit mir, mitten in einer Panikattacke, überfordert von kleinen Kindern um mich herum, voller Sorgen über die Zukunft, geplagt von Angst vor Krankheit und Tod, gebeugt unter einer unerträglichen Last der Trauer oder des Verlustes.

Friede, verkörpert im Leben Jesu

Der Friede, mit dem Gott unser Herz füllen will, ist viel mehr als ein vorübergehender Trost, den man aus einer guten Therapiestunde mitnehmen kann oder nach einem seelsorgerlichen Gespräch mit einem geistlichen Mentor. Dieser Friede wird von einer Person verkörpert, die auch in meinem Leben präsent ist – rund um die Uhr, durch seinen Heiligen Geist. Dieser Friede ist in den Tiefen meines Lebens nicht weniger aktuell als an jenem geschichtsträchtigen Tag vor zweitausend Jahren, an dem Jesus mit zwei Freunden von Jerusalem nach Emmaus gewandert ist und ihre aufgewühlten Herzen durch seine heilsamen Worte der Hoffnung wieder zum Brennen brachte (Lukas 24).

Dieser Friede ist heute genauso stark, genauso verfügbar wie an dem Tag, Jahrhunderte vor der Ankunft Jesu, an dem der Herr durch einen Engel die flüchtende Sklavin Hagar mit Worten des Segens überrascht hat (1. Mose 16). Oder wie damals, als er den erschöpften Propheten Elia jenseits von Beerscheba auf die Füße zog und ihn erhobenen Hauptes zurück ins Leben geschickt hat (1. Könige 19). Friede war schon immer das Markenzeichen des Gottes Israels.

Jesus grüßt seine Freunde bei zwei entscheidenden Begegnungen nach seiner Auferstehung mit den Worten *»Friede sei mit euch« (Johannes 20,19; Lukas 24,36; LUT)*. Nicht mit »Freude sei mit euch« oder »Geduld sei mit euch« oder »Enthaltsamkeit sei mit euch«! Friede ist die einzige Frucht des Geistes, die Jesus seinen Nachfolgern aktiv zuspricht.

Die tosenden Wellen auf dem See Genezareth bieten in einer unvergesslichen Nacht bestes Anschauungsmaterial für diesen göttlichen Frieden. Als das Boot zu kentern und von den Wellen verschluckt zu werden droht, schreien die Jünger Jesu ihren schlafenden Meister an: *»Lehrer, kümmert es dich nicht, dass wir umkommen?« (Markus 4,38)*. Jesu Reaktion hat nicht nur eine natürliche, sondern auch eine geistliche Komponente: *»Und er wachte auf, bedrohte den Wind und sprach zu dem See: Schweig, verstumme! Und der Wind legte sich, und es entstand eine große Stille« (Markus 4,39)*.

Die evangelische Komponistin Katharina von Schlegel (1697–1768) war von diesem Ereignis so bewegt, dass sie einen Choral dazu schrieb, der ins Englische übersetzt wurde und in diesem Sprachraum bekannter geworden ist (zur berühmten Melodie *Finlandia* gesungen) als hier in Deutschland. Ursprünglich hieß das

Lied *Stille, mein Wille! Dein Jesus hilft siegen*. Ein Ausschnitt aus der zweiten Strophe springt mir immer wieder ins Auge: »Stille, mein Wille! Dein Heiland wird zeigen, wie vor ihm Meer und Gewitter muss schweigen.« Die englische Übersetzung unterstreicht noch deutlicher als der Originaltext den Bezug zu unserem eigenen Leben: *»Be still, my soul; the waves and winds still know His voice who ruled them while He dwelt below«* (Sei still, meine Seele, die Wellen und Winde erkennen nach wie vor die Stimme dessen, der über sie regiert hat, als er auf der Erde lebte).[16]

Jesus hat nicht nur den Sturm gestillt, sondern auch die tosenden Wellen in den Herzen seiner Freunde. Als alles ruhig geworden war, wurden die Männer mit einer anderen Art von Furcht erfüllt: *»Und sie fürchteten sich mit großer Furcht und sprachen zueinander: Wer ist denn dieser, dass auch der Wind und der See ihm gehorchen?« (Markus 4,41).*

Der Friede, den Jesus schenkt, ist verankert in der Verlässlichkeit jener himmlischen Welt, die in dem Moment zu unserem Zuhause geworden ist, in dem wir Jesus zum Herrn unseres Lebens gemacht haben. Den wechselnden Umständen oder den Launen anderer Menschen sind wir damit nicht länger ausgeliefert. Wir dürfen in der Gewissheit leben, dass unser Leben in sicheren und vertrauenswürdigen Händen liegt. Diese Gewissheit ist wie ein Herzschrittmacher, der für den lebenswichtigen Herzrhythmus sorgt, sobald die üblichen Herztöne, aus welchem Grund auch immer, aussetzen. Diese Gewissheit übernimmt die Regie über unsere Seele, wenn sich dunkle Wolken am Horizont auftürmen und wir weder aus noch ein wissen.

Gleichzeitig hat Jesus aber auch ein tiefes Verständnis für die Achterbahnfahrten eines verängstigten Herzens. Er thematisiert die Sehnsucht nach Frieden in seiner letzten Rede kurz vor seiner Hinrichtung und macht klar: Wer in der Welt nach Frieden sucht, sucht vergebens. Jesus spricht direkt aus dem Grauen seiner unmittelbaren Situation heraus und reicht diesen Frieden weiter, der in seiner eigenen Person gegründet ist: »*Frieden lasse ich euch, meinen Frieden gebe ich euch; nicht wie die Welt gibt, gebe ich euch. Euer Herz werde nicht bestürzt, sei auch nicht furchtsam*« *(Johannes 14,27).*

Der Apostel Paulus erklärt später, warum dieser Friede uns gerade mitten in den Widrigkeiten des Lebens tragen kann: Er hat seine Wurzel in der Versöhnung mit Gott, dem Blickkontakt zu ihm, wiederhergestellt durch den Tod Jesu. Wiederum gründet der Friede in einer Person, nicht in Umständen: »*Denn er ist unser Friede. Er hat aus beiden eins gemacht und die Zwischenwand der Umzäunung, die Feindschaft, in seinem Fleisch abgebrochen*« *(Epheser 2,14).*

Paulus nimmt sich an Jesus ein Beispiel. Wie Jesus seinen Freunden einst diesen Frieden zugesprochen hat, so macht es Paulus jetzt mit seinen Freunden. Wieder betont er, dass dieser Friede nicht an diese Welt und ihre willkürlichen Kapriolen gekoppelt ist – er fließt aus einer anderen Welt, die über den Launen des Alltags steht: »*... und der Friede Gottes, der allen Verstand übersteigt, wird eure Herzen und eure Gedanken bewahren in Christus Jesus*« *(Philipper 4,7).*

Diese tröstlichen Sprüche im Neuen Testament waren die Inspiration für den Friedensgruß, der bis heute weltweit in Abendmahlsgottesdiensten und in fast allen Konfessionen getauscht wird. Die Symbolik hat es in sich. Es ist viel mehr als ein liturgischer Gruß, ein frommes Wunschdenken. Wir sprechen einander in den Worten des Meisters genau diese Ruhe zu, die er seinen Nachfolgern nicht nur wünschen, sondern schenken wollte. Vielleicht hatte der Kirchenlehrer der Spätantike, Augustinus, die Friedensgrüße von Jesus und Paulus im Sinn, als er in seinen Bekenntnissen diesen berühmten Spruch für alle nachkommenden Generationen festhielt: »Geschaffen hast du uns auf dich hin, o Herr, und unruhig ist unser Herz, bis es Ruhe findet in dir.«

Der Friede, den Jesus schenkt, kommt auch in einem seiner Namen zum Ausdruck: *Friedefürst.* Hier erhält gerade diese Frucht des Geistes besondere Prominenz. Jesus wird nicht »Freudefürst« oder »Treuefürst« oder »Sanftmutsfürst« genannt, auch wenn diese Namen genauso gut passen würden. Er lädt ja die Müden und Erschöpften dieser Welt ein: *»Kommt her zu mir, alle ihr Mühseligen und Beladenen! Und ich werde euch Ruhe geben. Nehmt auf euch mein Joch, und lernt von mir! Denn ich bin sanftmütig und von Herzen demütig, und ihr werdet Ruhe finden für eure Seelen; denn mein Joch ist sanft, und meine Last ist leicht« (Matthäus 11,28-30).*

Die Lasten, die wir manchmal zu tragen haben, sind schwer. Ein Joch zu tragen, ist mühevoll. Aber wir haben den Trost, dass Jesus das Joch mitträgt. Den schwersten Teil hat er auf seine Schulter genommen.

Worte direkt von der Baustelle

Jesus wusste besser als jeder Mensch, der jemals gelebt hat, wie sich die Abwesenheit von Frieden anfühlt. Er kannte das Ringen um inneres Gleichgewicht mitten in den schlimmsten Schreckensszenarien. Im Garten Gethsemane drückt die Last seiner bevorstehenden Kreuzigung so schwer auf ihn, dass er seine engsten Freunde anfleht, ihn nicht alleinzulassen. Wie muss es ihm ergangen sein, als er ihnen offenbarte, dass seine Seele *»bis zum Tod«* betrübt war (Matthäus 26,38). Einer, der den Himmel, die ungetrübte Nähe Gottes und die Wonne einer sündlosen Welt kannte, fand sich mutterseelenallein in direkter Konfrontation mit den johlenden, schadenfrohen Horden der Hölle, die nur darauf warteten, ihm ein blutiges und grausames Ende zu bereiten.

Die Angst saß tief. Sein Körper zitterte in der Vorahnung der Qualen, die auf ihn warteten. Jeder Bürger dieses Landes wusste, wie das Brüllen der Gefolterten bei einer öffentlichen Kreuzigung klang. Nicht Schweißtropfen, sondern Blutstropfen fielen auf den Boden: das Symptom einer dramatischen seelischen und körperlichen Erschütterung. Manchmal irritiert mich die nüchterne Knappheit biblischer Berichte, wie die Erzählungen von der Passion des Christus, die mit trockener Sachlichkeit über gewaltige Ereignisse berichten. Aber die Bibel leistet uns Nachhilfe. In einem bemerkenswerten Psalm, der etwa tausend Jahre vor der Kreuzigung Jesu geschrieben wurde, schildert König David mit verblüffender Genauigkeit den Totalzusammenbruch von Körper und Seele, den diese Form von Folter mit sich brachte:

»Mein Gott, mein Gott, warum hast du mich verlassen, bist fern von meiner Rettung, den Worten meines Schreiens? Mein Gott, ich rufe bei Tage, und du antwortest nicht; und bei Nacht, und mir wird keine Ruhe« (Psalm 22,2-3). Kein Friede für den »Fürst des Friedens«, der seinen Nachfolgern so oft Frieden zugesprochen hat. Die Beschreibung des seelischen Zustands wird im Laufe des Psalms immer ausführlicher:

»Viele Stiere haben mich umgeben, starke Stiere von Baschan mich umringt. Sie haben ihr Maul gegen mich aufgesperrt, wie ein Löwe, reißend und brüllend. Wie Wasser bin ich hingeschüttet, und alle meine Gebeine haben sich zertrennt; wie Wachs ist mein Herz geworden, zerschmolzen in meinem Inneren. Meine Kraft ist vertrocknet wie gebrannter Ton, und meine Zunge klebt an meinem Gaumen; und in den Staub des Todes legst du mich. Denn Hunde haben mich umgeben, eine Rotte von Übeltätern hat mich umzingelt. Sie haben meine Hände und meine Füße durchgraben. Alle meine

Gebeine kann ich zählen. Sie schauen und sehen auf mich herab. Sie teilen meine Kleider unter sich, und über mein Gewand werfen sie das Los« (Psalm 22,13-19).

Vielleicht dachte der Schreiber des Hebräerbriefs an diese schauerlichen Szenen, als er seinen Lesern versicherte, dass Gott sehr wohl weiß, wie ihnen in schweren Zeiten zumute ist, und sie mit den Worten tröstete: »*Wir haben nicht einen Hohen Priester, der nicht Mitleid haben könnte mit unseren Schwachheiten, sondern der in allem in gleicher Weise wie wir versucht worden ist, doch ohne Sünde« (Hebräer 4,15).*

Gott selber in einem Tumult von Panik und Todesängsten. Gott selber, der das gesamte Chaos meiner gebeutelten Seele am Kreuz von Golgatha auf sich nimmt, damit ich in seine Ruhe eintreten kann.

Der Friede, gebrochen und wiederhergestellt

Die Welt, wie sie ursprünglich von Gott geschaffen wurde, kannte keine Unruhe und Sorge. Erst als die Bewohner des Gartens Eden einen trotzigen Aufstand gegen ihren Schöpfer inszenierten und danach mit hängenden Köpfen in die Schatten schlichen, kam der Unfriede in die Welt. Die Stimme Gottes, die bis dahin Glück und Freude ausgelöst hatte, erweckte in den Menschen auf einmal Angst. Sie versteckten sich.

Die Bibel erzählt die Jahrtausende überspannende Geschichte von Gottes wiederholten Versuchen, den Frieden zwischen ihm und den Menschen, die er geschaffen hat, wiederherzustellen. Immer wieder stößt er auf Herzen, die ihm zugewandt sind – Männer und Frauen, die bereit sind, Werkzeuge seiner Wiederherstellung in einer gebrochenen Welt zu sein: Noah, Abraham, Josef, Mose, einige Richter, Könige und Propheten, die ahnen, dass Gott irgendwann eine außerordentliche Wende in der Weltgeschichte bewirken wird, und die auf das Kommen dieses Friedefürsten hinfiebern. Die Geschichte mündet in den klaren, eindringlichen Ruf des Apostels Paulus: *»Lasst euch versöhnen mit Gott!« (2. Korinther 5,20).*

Moses Erlebnis mit dem brennenden Busch gibt für mich Aufschluss über die Art, wie Gott mit jedem, der es will, diese Versöhnung bewirkt: Nachdem Mose aus Ägypten geflohen ist und sich im Haus von Jethro ein neues Leben aufgebaut hat, ist eine Verabredung mit Gott vermutlich das Letzte, was er hier in der Wüste erwartet. Er hat sich für das Wirken Gottes in seinem Leben gründlich disqualifiziert – so meint er vielleicht –, was allerdings auch Vorteile hat: So kann er sich auf einen krisenfreien Lebensabend in der Gesellschaft seiner Nomaden-Adoptivfamilie und deren Schafe freuen. Kein Wunder, dass ihn die Stimme aus dem brennenden Busch in Furcht und Zittern versetzt: *»Da verhüllte Mose sein Gesicht, denn er fürchtete sich, Gott anzuschauen« (2. Mose 3,6).*

Seine Kinnlade fällt erst recht herunter, als er erfährt, welchen Auftrag er ausführen soll. *»Wer bin ich«*, protestiert er, *»dass ich zum Pharao gehen und die Söhne Israel aus Ägypten herausführen sollte?« (2. Mose 3,11).* Wenig später kommt die Antwort von Gott, der zunächst einmal alle Einwände von Mose in den Wind schlägt: *»Ich bin, der ich bin« (2. Mose 3,14).* Moses von Angst getriebene Identitätskrise wird mit einer klaren Aussage über die Identität Gottes gekontert. Nicht, wer *ich* bin, nicht *mein* Schicksal, meine Lebensverhältnisse, meine Fehler, meine Traumata definieren die Person, die ich bin, sondern Gott selber: *»Ich bin, der ich bin.«* Entscheidend für mein Leben ist nicht, wer ich zu sein meine, wie ich mich gerade fühle, sondern wer Gott ist. Und er ist bekanntlich *»derselbe gestern und heute und in Ewigkeit« (Hebräer 13,8).* In dem Maße, wie Mose auf Gott und sein Wirken setzt anstatt auf sein eigenes Können, in dem Maße ist er in der Lage, zuversichtlich seinen von Gott gegebenen Auftrag zu erfüllen.

David fasst diesen Gedanken in einem seiner Psalmen in einem kurzen Satz zusammen: *»Seid stille und erkennet, dass ich Gott bin!« (Ps 46,11; LUT).* Auch der Prophet Jesaja weiß von dieser Ruhe in Gott ein Lied zu singen: *»Durch Umkehr und durch Ruhe werdet ihr gerettet. In Stillsein und in Vertrauen ist eure Stärke« (Jesaja 30,15).*

Friede ist die Kunst des Nicht-Tuns, um Gott tun zu lassen. Ein Verzicht auf den Drang, ein Kontrollfreak zu sein, selber Gott sein zu wollen. Die Bereitschaft, Gott Gott sein zu lassen.

Bald nach seinem Gespräch mit Gott hat Mose reihenweise Möglichkeiten, sein Wissen über die Identität Gottes in die Tat umzusetzen – mehr, als ihm recht ist. Nicht nur im Hürdenlauf der Plagen, die den hartnäckigen Pharao schließlich in die Knie zwingen. Auch gleich nach dem sensationellen Auszug aus Ägypten gerät das Volk in Aufruhr, als der Pharao mit seinen Streitkräften hinter ihnen herjagt. Wer sind schon die hebräischen Sklaven, um gegen so ein mächtiges Heer anzukommen? Doch Mose versichert seinen Leuten ohne Wenn und Aber, wer hier für Rettung sorgen wird: *»Fürchtet euch nicht! Steht und seht die Rettung des Herrn, die er euch heute bringen wird!« (2. Mose 14,13).*

Nicht die Frage, wer sie sind, entscheidet den Kampf, sondern wer Gott ist: *»Wer ist dieser König der Herrlichkeit? Der Herr, stark und mächtig! Der Herr, mächtig im Kampf!« (Ps 24,8).*

Dürfen wir die dramatischen Befreiungen in biblischer Zeit mit dem Schlamassel unseres modernen Alltags vergleichen? Wenn der lang ersehnte Partner einfach nicht auftaucht oder aus der begonnenen Beziehung doch nichts wird? Wenn der Ehepartner plötzlich nichts mehr vom Glauben wissen will, die Kontoauszüge nur rote Zahlen aufweisen oder noch Schlimmeres geschieht? Auch für uns ist Gott der Identitätsfaktor – *»Ich bin, der ich bin«* –, der unseren Frieden garantiert. Wir sind bei ihm an der absolut richtigen Adresse.

Kein Buch schildert die Achterbahnfahrten einer geplagten Seele genauer und schonungsloser als die Bibel. Biblischer Friede ist nicht die Verleugnung oder Verdrängung des Sturms. Er wird mitten im Sturm entdeckt, meist erst nach anhaltendem Ringen, Weinen und Stöhnen, unter hartnäckigem Schreien nach Hilfe. Und wenn du aus lauter Erschöpfung nicht mehr weinen kannst – übrig bleiben diese festen Überzeugungen, die doch wieder das letzte Wort haben, was auch immer passiert.

»Dies habe ich zu euch geredet, damit ihr in mir Frieden habt. In der Welt habt ihr Bedrängnis; aber seid guten Mutes, ich habe die Welt überwunden« (Johannes 16,33). Bin ich froh über diese klare Aussage aus dem Mund des Herrn! So spricht einer, der tiefstes Grauen kennt, dunkelste Panikattacken erlebt hat, der sehr wohl weiß, wie es ist, wenn einem vor lauter Angst der Hals wie zugeschnürt ist, die Seele so schmerzt, als ob sie in Stacheldraht verpackt wäre.

Und gerade dieser eine sagt: *»Meinen Frieden gebe ich euch« (Johannes 14,27).* Den Frieden, den er am Kreuz schwer erkämpft hat. Den Frieden, durch den wir in der ungetrübten Nähe Gottes Trost finden können, weil wir durch den Glauben an den Gekreuzigten und Auferstandenen mit ihm versöhnt sind und schon jetzt Teilhaber eines zukünftigen Lebens sind, das von Sünde, Leid und Tod frei sein wird.

Gottes Friede in Aktion

Ich bin von Natur aus ein chronischer Angsthase. Ich liebe meine Komfortzone, fühle mich in fremden Umgebungen unter fremden

Menschen unsicher, mag das Autofahren ganz und gar nicht und leide manchmal unter lähmendem Lampenfieber, wenn ich mit einem Mikrofon in der Hand auf der Bühne stehe. Kommt noch dazu, dass ich extrem harmoniebedürftig bin. Wellness-Predigten würden viel mehr zu meiner Natur passen als die Inhalte, über die ich schreibe und spreche. Diese Themen sind alles andere als eine Seelenmassage für meine Leser und Zuhörer und stoßen immer wieder auf Kritik und Widerstand. Aber ohne diese Inhalte, ohne meine tiefe Liebe für das Wort Gottes hätte ich nichts zu sagen. Also – entweder Wort Gottes und Evangelium, oder ich spare mir lieber die Mühe.

So kam ein Punkt in meinem Leben, an dem ich mich entscheiden musste: Ist meine Komfortzone mir wichtiger oder der Auftrag Jesu, sein Reich zu bauen, Menschen lieb zu haben und sein Evangelium kompromisslos weiterzugeben? Ich entscheide mich immer wieder von Neuem gegen die Komfortzone. Das ist die Schnittstelle, an der der Friede Gottes in mein Herz einzieht. Ich habe nichts zu verlieren. Wer Gott fürchtet, hat nichts anderes zu fürchten. Es ist sein Werk, nicht meins. Somit trägt er die Verantwortung.

Und ich habe das Vorrecht und die Freude, von ihm zu erzählen. Umso größer sind die Freude und das Staunen, weil ich mir selber ganz und gar nicht dafür geeignet vorkomme. Ich bin wirklich nicht geeignet! Selbst die Eitelkeit und der Wunsch, gut ankommen zu wollen, werden immer wieder ans Kreuz gebracht, dort gelassen und gegen den Frieden Gottes eingetauscht. Für ihn leben zu dürfen, in seinem Auftrag in dieser Welt unterwegs zu sein, sollte keinen Raum mehr für Angst, Selbstbezogenheit oder Menschenfurcht lassen. Denn *»der Herr ist mein Licht und mein Heil, vor wem sollte ich mich fürchten? Der Herr ist meines Lebens Zuflucht, vor wem sollte ich erschrecken?« (Psalm 27,1).*

Die Bibel erzählt von vielen furchtsamen Dienern Gottes, durch die *er* Großes bewirken konnte. Mose ist nicht der einzige. Gideon erbittet sich von Gott drei verschiedene Zeichen, bevor er seinem Auftrag nachkommt. Jeremia fühlt sich zu jung. Timotheus ist schüchtern. Elia zittert vor Angst und flieht vor den Drohungen Isebels. Gibt es eigentlich irgendjemanden, der keine Angst hatte, der selbstsicher und angstfrei auf die Bühne dieser Welt getreten ist, um die Wahrheit Gottes zu bezeugen? Trotz ihrer Vorbehalte haben diese Leute es schließlich gewagt – weil Gottes Friede in ihrem Herzen dann doch das letzte Wort hatte. Es ist vielleicht kein gefühlter Friede. Vielmehr eine tiefe Ahnung, durch alles Ringen hindurch, dass Gott irgendwie zu seinem Ziel kommen und sie nicht im Stich lassen wird.

Es *»bleibt noch eine Sabbatruhe dem Volk Gottes übrig« (Hebräer 4,9)*. Die Einhaltung des siebten Tages als Ruhetag ist eine äußere Ordnung, die symbolisch für die innere Ordnung eines Lebens unter der Leitung und Gnade Gottes steht: frei von allen Versuchen, durch eigenes Streben glücklich und erfolgreich zu werden. *»Denn wer in seine Ruhe eingegangen ist, der ist auch zur Ruhe gelangt von seinen Werken wie Gott von seinen eigenen. Lasst uns nun eifrig sein, in jene Ruhe einzugehen, damit nicht jemand nach demselben Beispiel des Ungehorsams fällt!« (Hebräer 4,10-11).*

Friede untereinander

Alles so weit geklärt, könnte man meinen. Friede mit Gott, eine offene Tür in seine Gegenwart hinein – also bin ich schon am Ziel, oder? Aber das ist nur der Anfang der Geschichte. Die Bibel macht klar, dass sich jede echte Begegnung mit Gott auch auf unsere Beziehungen untereinander auswirkt. Johannes bringt es in Bezug auf die erste Frucht in Paulus' Liste – Liebe – am eindeutigsten auf den Punkt: *»Wenn jemand sagt: Ich liebe Gott, und hasst seinen*

Bruder, ist er ein Lügner. Denn wer seinen Bruder nicht liebt, den er gesehen hat, kann nicht Gott lieben, den er nicht gesehen hat. Und dieses Gebot haben wir von ihm, dass, wer Gott liebt, auch seinen Bruder lieben soll« (1. Johannes 4,20-21).

Gilt das Gleiche für Friede? Friede mit Gott, und dann wird die Kirche wie ein kleines Paradies der Eintracht und des friedlichen Miteinanders auf Erden? Die Politiker und Herrscher dieser Welt sind plötzlich rührend besorgt um das Wohl ihrer Untertanen, selbstlos in ihrem Umgang mit benachbarten Staaten? Es gibt genug Nahrung für alle, Gerechtigkeit und Nächstenliebe bestimmen das Gemeinwohl, von den kleinsten Ortschaften bis hin zum Alltag in den Großstädten? Schön wäre es.

Jesus redet nicht um den heißen Brei herum, wenn er auf die Folgen des Evangeliums in einer nach wie vor von Sünde gezeichneten Welt hinweist. Er erinnert seine Freunde daran, dass sein Reich hier auf Erden kein Ponyhof ist. Denn es gibt jemanden, dem an Frieden auf Erden überhaupt nichts liegt. Im Gegenteil. Je mehr Streit, Gewalt, Totschlag und Hass es gibt, desto weiter breitet dieser Jemand seine Herrschaft aus. Er ernährt sich von Dunkelheit und jeder Lichtstrahl ist ihm ein Gräuel. Leider hat er auf dieser Erde immer noch das Sagen und treibt weiterhin dasselbe Spiel, mit dem er Adam und Eva so erfolgreich unter seine Herrschaft gebracht hat: *»Hat Gott wirklich gesagt …?«* Mit anderen Worten: »Bedient euch doch, reißt das Glück an euch, gönnt es euch, geht über Leichen, wenn es sein muss. Gott will euch nur etwas vorenthalten. Ihr könnt doch selber Gott sein, macht doch.« In seiner dunklen Welt der Zerstörung sind Liebe, Freude, Friede, Güte & Co Fremdwörter, sogar sehr bedrohliche Fremdwörter.

Denn die Früchte des Geistes sind keine höfliche »Benimmdich«-Handreichung für vornehme Menschen, die auf der Sonnenseite des Lebens gelandet sind. Sondern sie sind eine Kampfansage an den Fremdherrscher, der die Lufthoheit über diesen Planeten widerrechtlich an sich gerissen hat. Sie stehen für das Eindringen einer anderen Weltordnung mit anderen Spielregeln in diese vom Gegner Gottes regierte Welt. Sie erinnern den Feind daran, dass sein Kampf um die Herzen und Seelen der Menschheit letztendlich doch ein hoffnungsloses Unterfangen ist, das für ihn nicht gut ausgehen wird. Es gibt Menschen, die sich seiner Herrschaft nicht beugen, sondern dem rechtmäßigen Herrscher dienen und die ihre Anweisungen aus dem Himmel beziehen, nicht aus der Hölle.

Die Ruhe, die Jesus schenkt, ist nicht die Ruhe eines Friedhofs oder eines entspannten Nachmittags am Strand. Es ist die Ruhe einer Seele, die innerlich eine Heimat gefunden hat und ihr Glück nicht mehr in dieser Welt sucht. Unterwegs im Auftrag Gottes kann sie es sich leisten, die Schliche des Feindes zu durchschauen, furchtlos durchs Leben zu gehen, Risiken in Kauf zu nehmen, gegen den Strom zu schwimmen, Flagge zu zeigen und, wenn nötig, auf Ansehen und Beliebtheit zu verzichten. Sich nicht einschüchtern zu lassen, wenn Gegenwind kommt.

Denn ein Friede, der nicht gleichzeitig Gottes Wahrheit hochhält, ist kein echter Frieden. Die turbulenten Szenen um Jesus, seine Jünger und die Urgemeinde waren alles andere als friedlich. *»Diese, die den Erdkreis aufgewiegelt haben, sind auch hierher gekommen« (Apostelgeschichte 17,6)*, wurde in Thessalonich von den Christen behauptet. Man kann nicht mit dieser Welt anbändeln und gleichzeitig Freundschaft mit Gott pflegen, warnt der Halbbruder von Jesus, Jakobus (Jakobus 4,4). Zu allen Zeiten gab es Menschen, die bereit waren, für den Glauben an Jesus ihr Leben zu geben. Und sie wussten sehr wohl, was Jesus meinte, als er sagte:

»Meint nicht, dass ich gekommen sei, Frieden auf die Erde zu bringen; ich bin nicht gekommen, Frieden zu bringen, sondern das Schwert. Denn ich bin gekommen, den Menschen zu entzweien mit

seinem Vater und die Tochter mit ihrer Mutter und die Schwiegertochter mit ihrer Schwiegermutter; und des Menschen Feinde werden seine eigenen Hausgenossen sein. Wer Vater oder Mutter mehr liebt als mich, ist meiner nicht würdig; und wer Sohn oder Tochter mehr liebt als mich, ist meiner nicht würdig; und wer nicht sein Kreuz aufnimmt und mir nachfolgt, ist meiner nicht würdig. Wer sein Leben findet, wird es verlieren, und wer sein Leben verliert um meinetwillen, wird es finden« (Matthäus 10,34-39).

Widerstand, Unruhe und Gegenwind sind für die Nachfolger Jesu unvermeidlich, das macht die Bibel klar. Es heißt aber nicht, dass wir Streit absichtlich suchen sollen, das wird ebenfalls deutlich. »*Wenn möglich, soviel an euch ist, lebt mit allen Menschen in Frieden!*«, schreibt Paulus an seine Freunde in Rom (Römer 12,18). Für das Miteinander in einer Gemeinschaft der Gläubigen setzt Jesus die Latte sehr hoch. Zänkereien um Kleinigkeiten, um Gottesdienstabläufe, Gemeindeämter und Stilfragen, die für unsere westliche Kultur so typisch sind, soll es unter uns Christen nicht geben. Denn die Bibel ermahnt uns immer wieder sehr energisch, in versöhnten Beziehungen zu leben. Friede untereinander – das war Jesus viel wichtiger als die Frage, welche Instrumente im Gottesdienst eingesetzt werden dürfen, wann genau das Vaterunser oder der Segen gesprochen werden sollen oder ob die Kinder mit dabei sind oder nicht.

Jesus zeigt, was welche Priorität haben soll, als er sagt: »*Wenn du nun deine Gabe darbringst zu dem Altar und dich dort erinnerst, dass dein Bruder etwas gegen dich hat, so lass deine Gabe dort vor dem Altar und geh vorher hin, versöhne dich mit deinem Bruder, und dann komm und bring deine Gabe dar!« (Matthäus 5,23-24).*

Mehr als Politik

Versuche, einzelne biblische Aussagen an den Karren kultureller oder politischer Ideologien zu spannen, sind nichts Neues. Gottes Friede ist aber viel mehr als eine politische Floskel. Er ist ein Sauerteig, der eine ganze Lebensgemeinschaft, Stadt oder Region durchziehen und schließlich verwandeln kann. Mitten in einer Zeit der politischen Unruhen im Land Israel begrüßte der gottesfürchtige Landwirt Boas seine Mitarbeiter mit den Worten: *»Der Herr sei mit euch!« (Rut 2,4).* Die Antwort seiner Mitarbeiter war: *»Der Herr segne dich!«* Um Boas herum, mitten in einer chaotischen Zeit, war ein kleiner Überrest heile Welt geblieben, in der auch die Migrantin Rut mit ihrer verwitweten Schwiegermutter Naomi echten Frieden und eine gesicherte Zukunft finden durfte.

Auffällig am Ende dieser kleinen Geschichte ist die Kultur des Segens, die in der Stadt Bethlehem um sich greift. Die Frauen, die Naomi und Rut anfänglich mit Argwohn beäugt haben, sprechen bei der Geburt eines Sohnes Segen über die neu gegründete Familie aus: *»Gepriesen sei der Herr, der es dir heute nicht an einem Löser hat fehlen lassen! Sein Name werde gerühmt in Israel! Und er wird dir ein Erquicker der Seele sein und ein Versorger deines Alters!« (Rut 4,14-15).*

Viele Jahre später – gleicher Ort, gleiche Familie – wird wieder ein Sohn geboren. Es sollte uns nicht überraschen, dass aus dieser Linie das Kind hervorgegangen ist, dessen Titel *Friedefürst* Programm ist und der heute, wie zu seinen Lebzeiten auf Erden, Frieden in unruhige Herzen spricht.

Gebet für den Frieden

Herr, mach mich zu einem Werkzeug deines Friedens,
dass ich liebe, wo man hasst;

dass ich verzeihe, wo man beleidigt;
dass ich verbinde, wo Streit ist;
dass ich die Wahrheit sage, wo Irrtum ist;
dass ich Glauben bringe, wo Zweifel droht;
dass ich Hoffnung wecke, wo Verzweiflung quält;
dass ich Licht entzünde, wo Finsternis regiert;
dass ich Freude bringe, wo der Kummer wohnt.
Herr, lass mich trachten,
nicht, dass ich getröstet werde, sondern dass ich tröste;
nicht, dass ich verstanden werde, sondern dass ich verstehe;
nicht, dass ich geliebt werde, sondern dass ich liebe.
Denn wer sich hingibt, der empfängt;
wer sich selbst vergisst, der findet;
wer verzeiht, dem wird verziehen;
und wer stirbt, der erwacht zum ewigen Leben.[17]

ZUM NACHDENKEN

Welche Umstände in meinem Leben bereiten mir schlaflose Nächte, nehmen mir meinen Frieden? Welche Impulse aus der Bibel könnten mir helfen, zur Ruhe zu kommen?

4. GEDULD:

Die Qual des Wartens

Geduld aber habt ihr nötig, auf dass ihr den Willen Gottes tut und das Verheißene empfangt.
Hebräer 10,36; LUT

Warten auf den Messias

Es gibt ein ungeduldiges Warten. »Ich will es haben, und ich will es jetzt!« Das Kind, das nach dem begehrten Spielzeug greift. Der Egoist, der nur für die Befriedigung seiner Begierden lebt. Ein Warten, das eigentlich nicht warten will.

Es gibt ein verzweifeltes Warten. Die einsame Frau, die sich nach einem neuen Glück sehnt. So sehr, dass es wehtut. Der Mann, der mit der Aussicht hadert, alleine alt zu werden. Das Warten auf eine Arbeit, auf Versorgung, auf eine Nachricht, auf Heimat, auf die Sonne, auf den Regen. Der von Schmerz gequälte Körper, der um Heilung fleht und wartet.

Es gibt ein resigniertes Warten. Das Warten auf den Tod. Darauf, dass es endlich vorbei ist. Die kräftezehrende Frage: Kümmert mein Schicksal irgendjemanden? Der Fluch der Endgültigkeit.

Es gibt aber auch ein anderes Warten. Ein gespanntes Warten, ein aktives Warten. Auf Zehenspitzen. Ein Warten, das mit träger Apathie nichts zu tun hat. Es ist ein Lebensstil des Wartens. Allein die Aussicht auf das Ersehnte lässt euphorisch werden. Den Weg zu gehen, ist ebenso spannend, wie das Ziel zu erreichen. Simeon, der im Tempel auf den Messias wartet. Elia, der auf den Regen wartet. Die Propheten, die in ihren Gebetskammern schreien: »Wann? Wie lange noch?« Das Warten in der Gewissheit: Er kommt. Das Geflüster durch die Jahrhunderte, dass Träume wahr und Vorahnungen Realität werden.[18]

Vom Alltag eines Kontrollfreaks

Neulich saß ich im Flughafen von Birmingham, völlig aufgewühlt und frustriert. Ich war auf der Rückreise von einem kurzen Verwandtenbesuch. Der Flug nach England eine Woche zuvor war schon ein Albtraum gewesen. Wir waren mit Verspätung in Stuttgart gestartet, darauf war ein gehetztes Rennen durch gefühlte Kilometer von ewig langen Gängen im Frankfurter Flughafen gefolgt, um den Anschlussflug nach Birmingham nicht zu verpassen. Schließlich war ich gerade noch rechtzeitig durch die Tür des Fliegers gestürzt, atemlos und bemüht, über den Gruß des Flugbegleiters »Sport ist gratis und in unseren Preisen inbegriffen« zu lachen ... Und jetzt sollte auf dem Weg nach Hause wieder das gleiche Spiel losgehen? Der Flug verspätete sich, sodass ich den Anschlussflug nach München wahrscheinlich erneut verpassen würde. Mein Gedankenkarussell lief auf Hochtouren: »Warum immer ich? Kann nicht einmal so was Einfaches wie ein Flug nach England und zurück problemlos laufen?«

Mein Mann schickte auf meine Klage hin ein paar »Bleib nur ruhig!«-Emojis. Von dieser Seite hatte ich kein Mitleid zu erwarten, das war schon klar. Während ich noch innerlich klagte, beschloss ich, es diesmal anders zu machen. »Sich aufregen bringt nichts, du kannst sowieso nichts ändern. Jetzt nütze die Zeit, anstatt dir auszumalen, was sonst noch alles schieflaufen könnte. Wenn du erst morgen ankommst, dann kommst du halt erst morgen an. Das ist Jammern auf hohem Niveau«, ermahnte ich mich selbst.

Ich hockte mich auf meinen Koffer und zwang mich mit einem Seufzer, die ersten Kapitel des Buches über Heiligung zu lesen, das meine Schwester mir beim Abschied in die Hand gedrückt hatte. Ich hatte in dem Moment auf alles Mögliche Lust, nur nicht auf Heiligung. Zwei Welten prallten aufeinander: mein Wunsch, so schnell wie möglich nach Hause zu kommen. Und Gottes Wille, der laut 1. Thessalonicher 4,3 ein ganz bestimmtes Ziel verfolgt: *»Denn dies ist Gottes Wille: eure Heiligung.«* Er scheut sich nicht, Umstände zuzulassen, unter denen ich diesem Ziel näher komme.

Das Buch begann ausgerechnet mit ermahnenden Gedanken aus den Petrusbriefen. Ich holte tief Luft. Ja, auch in dieser ermüdenden Situation war es meine Pflicht, mich in Gottes Sinne zu verhalten und nicht über die lästigen Umstände zu schimpfen. Heiligung. Mein Leben gehört nicht mir, es ist Gottes Eigentum. Der Autor des Buches verglich unser Leben als Christen mit einem Tisch in einem Restaurant, auf dem ein Schild *Reserviert* steht. Mein Leben, reserviert für ihn. Auch auf dem Koffer sitzend, in einer scheinbar endlosen Warteschlange im Flughafen.

»Der verborgene Mensch des Herzens im unvergänglichen Schmuck des sanften und stillen Geistes, der vor Gott sehr kostbar ist« (1. Petrus 3,4) wurde mir nun vor Augen gestellt. Autsch. Ich fühlte mich alles andere als sanft und still. Aber anderen Leuten erzähle ich immer, dass es nicht auf die Gefühle ankommt. Also, lieb und geduldig bleiben, auch ohne entsprechende Gefühle. *Practise what you preach, girl.* Schau, für wen du hier ein Segen sein kannst. Frucht, die nach Gott schmeckt – das heißt in diesem Fall innerlich ruhig und äußerlich freundlich sein, auch wenn ich eigentlich Grund hätte, zu klagen. Die

anderen um mich herum können ja nicht wissen, dass ich gerade bis zum Anschlag übermüdet und gereizt bin.

Endlich kam die erlösende Ansage, dass die Maschine bereit sei. Nach der Landung in München gab es noch einen kurzen Marathon durch den Flughafen, aber ich erreichte tatsächlich meinen Anschlussflug nach Stuttgart. Und hatte ein interessantes Gespräch mit meiner Sitznachbarin wie auch mit einer achtköpfigen amerikanischen Familie auf Europatour, die offensichtlich aus lauter Christen bestand. Zuvor hatte ich noch einer freundlichen älteren Dame helfen können, die Treppe in den Flieger hochzusteigen. Müde, beschenkt und zuversichtlich, dass Gott die ganze Zeit dabei gewesen war, fiel ich abends schließlich in mein eigenes Bett – Heiligung mitten im nervigen Alltag.

Die nervige Notwendigkeit des Warten-Müssens

Warten ist lästig, jede Form von Warten. Nichts treibt meinen Puls schneller in die Höhe, als im Stau stehen zu müssen, vor allem wenn ich einen Termin habe, zu dem ich pünktlich antreten muss. Es geht schon los, wenn die Straßen auf meinem Navi erst orange und dann rot werden, danach die kleine Meldung, wie lange der Stau dauern könnte. Irgendwann sehe ich schließlich den grünen Pfeil, der mich einlädt, von der Autobahn runterzufahren, um ein paar Minuten Zeit zu sparen. Es folgt die schwierige Entscheidung zwischen einer Schnitzeljagd durch unzählige kleine Ortschaften mit gemeinen Geschwindigkeitsbegrenzungen und der Aussicht, die Rückseite eines Lkws für wer weiß wie lange anzustarren, bis der Verkehr sich wieder im Schneckentempo nach vorne bewegt.

Auch im Umgang mit meinen Mitmenschen wird mir jede Menge Geduld abverlangt. Wenn ich am Ende eines langen Tages wegen etwas, was ich in meinem Vortrag gesagt habe, angegriffen werde und derjenige nicht lockerlassen will, bis ich ihm recht gebe. Oder jemand stellt mir zwischen Tür und Angel komplizierte Fragen, auf die ich keine Antwort habe, während ich dringend eine Tasse Kaffee brauche oder einem Bekannten »Hallo« sagen will und es auf jeden Fall eilig habe. Oder ich benötige dringend eine Information und bekomme auf meine Mails und Sprachnachrichten keine Antwort.

Die dümmsten Dinge geschehen meistens, wenn ich es eilig habe. Denn ich brauche in meinem Leben geklärte, geordnete Verhältnisse. To-do-Listen, die überschaubar sind und bewältigt werden können. Kontrollverlust ist das Schlimmste, was mir passieren kann. Ich will wissen, was ich bis wie viel Uhr erledigt haben soll. Wann ich wo sein soll, um was genau zu machen, wo die Toiletten sind, wo ich mein Auto parken kann, wann ich wieder gehen kann. Dinge abhaken, Papierstapel abbauen, Mails beantworten, die Spülmaschine ausräumen, die Wäsche aufhängen, die Hemden von meinem Ehemann bügeln, anstehende Termine bestätigen. Alles zack, zack – dann fühle ich mich in meinem Element. Entspannung bedeutet für mich: Arbeitsberge beseitigt zu haben.

Diese Lebensweise hat ihre Vorteile – ich kann in meinem Alltag ein enormes Arbeitspensum unterbringen. Auf der anderen Seite ist sie manchmal auch alles andere als eine Tugend, denn sie kann bei mir selbst wie auch bei anderen in meinem Umfeld ganz schön viel Panik und Stress auslösen, wenn etwas nicht wie am Schnürchen läuft. Das sind Momente, in denen ich in Schweiß ausbreche, meine Hände zu Fäusten balle. Ich versuche dann, Ruhe zu bewahren, nicht auszurasten und mich in Geduld zu üben.

Der Segen der Gelassenheit

Mein Mann Helmut hat diese Probleme nicht. Er ist ein gründlicher, gelassener Typ. Er hat es nie eilig, besitzt Nerven aus Stahl und kommt mit ungeklärten Situationen problemlos klar. Mitten im schlimmsten Chaos bleibt er ruhig. Nachts dreht er sich um und schläft sofort ein, während ich fieberhaft versuche, Schäfchen zu zählen, um mich von irgendeiner drückenden Sorge abzulenken. Helmut trifft erst dann eine Entscheidung, wenn alle Aspekte beleuchtet sind und die optimale Lösung gefunden ist – ob es um den Kauf einer neuen Lampe geht oder um eine Personalentscheidung in der Gemeinde. Für ihn hat alles auch noch morgen Zeit. Geduld ist seine Spezialität. »Alles mit der Ruhe«, »Wird schon werden«, *»Don't worry«*, »Keine Sorge, das Problem wird morgen noch da sein«, »Nächste Woche reicht es auch noch« – das sind seine Lieblingssprüche, die mich in den Wahnsinn treiben, wenn ich dringend und sofort eine Lösung für ein Problem brauche.

Wenn mein Laptop aus irgendeinem Grund mitten in einer Aufgabe streikt oder im Drucker schon wieder ein Blatt Papier stecken geblieben ist, steigen in mir Aggressionen auf, von denen ich nicht wusste, dass ich sie habe. Ich könnte die Geräte gegen die Wand klatschen. Helmut braucht hingegen nur an der Tür zu erscheinen, und alles läuft wieder. Manchmal zumindest. Mit Ruhe und Geduld kommt man schneller ans Ziel, wird er nicht müde zu betonen. Es ist nicht überraschend, dass es gelegentlich zu Spannungen kommt, über die wir inzwischen allerdings mehr lachen als streiten.

Meine Haltung passt zum heutigen Zeitgeist: Geduld ist in unserer »Sofort-Kultur« verpönt. Auf irgendetwas warten, verzichten, sparen lernen ist *out*. Das Kind verlangt ungeduldig nach dem begehrten Spielzeug und will es jetzt haben. Der Egoist strebt nach der Befriedigung seiner Begierden. Warum warten, wenn ich etwas schon jetzt bekommen kann? Unsere Wohlstandsgesellschaft hat die Welt in einen Selbstbedienungsladen verwandelt, der dazu da ist, mich glücklich zu machen, und zwar sofort! Andere Menschen dienen in erster Linie dazu, mir meine Wünsche zu erfüllen. Genau diese Haltung ist die Essenz der Sünde: ein Bedürfnis verspüren und dieses rücksichtslos befriedigen wollen. Die Bedürfnisse der anderen sind dabei zweitrangig.

- »Eva, Adam – nehmt es euch doch! Es steht euch zu!«
- »Sarai, es gibt andere Wege, wie du zu einem Kind kommen kannst, du musst die Qual der Unfruchtbarkeit nicht länger aushalten. Gott wird schon nichts dagegen haben, wenn du ein bisschen nachhilfst. Hol dir eine Leihmutter und werde durch sie schwanger.«
- »Jakob, Gott hat dir zwar verheißen, dass du der Erbe deines Vaters sein sollst. Aber, hey, Gott hilft niemandem, der sich nicht selber hilft – nimm es dir! Man kann nie sicher genug sein. Überliste deinen Bruder, lüge deinen Vater an, deine Mutter hilft dir dabei.«
- »David, gönn dir doch ein bisschen Vergnügen. Schau, du hast dich lang genug für deinen Gott und dein Volk abgemüht, große Opfer in Kauf genommen, gekämpft bis zum Umfallen. Die Frau ist begehrenswert. Nimm sie dir. Du bist doch der König. Jeder würde das an deiner Stelle machen. Nur eine Nacht. Ein bisschen Spaß muss sein. Keiner braucht davon zu erfahren. Sie ist wahrscheinlich sowieso nicht glücklich verheiratet. Ich meine, hast du gesehen, wie grimmig ihr Mann in letzter Zeit aussieht …? Und welch interessierte Blicke sie in deine Richtung geworfen hat?«

Solche oder ähnliche Gedanken könnten manchen biblischen Helden und Heldinnen durch den Kopf gegangen sein, bevor sie sich und ihr Umfeld durch ein ungeduldiges Habenwollen in Katastrophen gestürzt haben. Geduld ist das Gegenteil von dieser Haltung. Geduld bietet uns Schutz vor jeder Art von Verlangen, das uns knechten und zu einer Sucht oder zu einem Ersatzgott werden könnte. Begierde hat verschiedene Formen – fleischliche Begierden nach Sex, Alkohol, Geld, Besitz, Essen. Seelische Begierden nach Anerkennung, Beifall, Macht, Kontrolle über andere. Deshalb ist Geduld als Frucht des Geistes für die Hygiene unserer Seele entscheidend.

Das Warten, das zur Qual wird

Es gibt noch etwas viel Schwierigeres als die Geduld, die uns abverlangt wird, wenn wir im Stau stecken oder man uns etwas, worauf wir gerade Lust hätten, vorenthält: Dein Leben, deine Zukunft, dein körperliches oder seelisches Wohlbefinden hängt vom Ausgang einer bestimmten Situation ab – oder es fühlt sich jedenfalls so an –, aber du musst warten. Der Tumor – ist er bösartig oder gutartig? Der Zusammenbruch des Kollegen im Büro und die Fahrt mit Blaulicht ins Krankenhaus – war es ein Herzinfarkt, ein Schlaganfall? Der schlimme Autounfall, nach dem jemand auf der Intensivstation liegt und niemand sagen kann, ob er die Nacht überleben wird. Diese schmerzhafte Spannung aushalten zu müssen, während das Leben eines Menschen, der einem wichtig ist, am seidenen Faden hängt: Ich glaube, das ist das Schlimmste, was einem passieren kann, da wird einem eine schier übernatürliche Geduld abverlangt.

Mir ist es lieber, die schlechte Nachricht, wenn es eine geben sollte, gleich zu erfahren, als jene Qual des Wartens und des Nicht-

Wissens aushalten zu müssen, mich auf nichts Konkretes einstellen zu können. Es gehört zu unserem Alltag in der Gemeindearbeit, lieb gewordene Menschen durch ernste Krisen hindurchzubegleiten. Daran gewöhnen werde ich mich nie. Manchmal stelle ich mich absichtlich auf das »Worst-Case-Szenario« ein – sicherheitshalber, in dem Bestreben, mich vor der Wucht einer schlechten Nachricht zu schützen. Nur um die Wartezeit überbrücken zu können, ohne verrückt zu werden. Besser gleich davon ausgehen, dass das, wovor ich mich fürchte, eintrifft – und falls es dann doch nicht so schlimm wird, bin ich angenehm überrascht.

Solche Gedanken kommen mir, wenn ich in den Nachrichten von unfassbaren Tragödien höre. Was machen die Angehörigen, die verzweifelt auf eine Nachricht über das Flugzeug warten, das vom Radarschirm verschwunden ist, oder auf ein Lebenszeichen von den Jugendlichen, die nachts unterwegs waren und immer noch nicht nach Hause gekommen sind? Was bedeutet Geduld in solchen Grenzsituationen? Wie wird man da nicht völlig krank vor Sorge? Wie widersteht man der Versuchung, zu Tabletten oder Alkohol zu greifen, um die unerträglichen Schmerzen in der Seele zu betäuben, wenn auch nur für ein paar Minuten? Manche Süchte gründen in dem Versuch, eine Geduldsprobe zu umschiffen, den Schmerz des Wartens auszuschalten.

Ungewissheit, die wehtut

»Herr, wenn du vorhast, mir meine Mutter und meine Tochter wegzunehmen, dann sag es mir gleich, und nimm mich auch gleich zu dir. Diese Ungewissheit ist eine Tortur, ich halte sie nicht mehr aus.« Das war mein Gebet, als meine Mutter mit Krebsmetastasen in der einen und ich in der anderen Klinik lag, wo meine Tochter in der 27. Schwangerschaftswoche per Kaiserschnitt entbunden werden sollte. Falls uns zwei Begräbnisse bevorstanden, wollte ich von der Narkose lieber gar nicht mehr aufwachen. »Mach gleich drei daraus, Herr« war mein zynisches, verzweifeltes Gebet.

Ich wachte auf, und das Leben von zwei Menschen, die ein nicht wegzudenkender Teil meines Lebens waren, hing in der Schwebe: Ausgang ungewiss in dem einen Fall (unser Kind), gewiss im anderen (meine Mutter). »Wir können leider nichts mehr für Sie tun« – mit den Worten im Ohr, vor denen es jedem Krebspatienten graut, bereitete meine Mutter sich selbst und ihre Familie auf den Abschied vor. Gleichzeitig rang meine winzige Tochter in einem Brutkasten auf der Intensivstation um jeden Atemzug. Die bisher härteste Geduldsprobe meines Lebens stand bevor. Es half nicht mehr, mich vorbeugend auf das Schlimmste einzustellen, denn die Vorstellung vom Worst-Case-Szenario war zu grausam. Ich hatte das Gefühl, jederzeit könnte der Geduldsfaden endgültig reißen und ich würde innerlich durchdrehen.

Eines Morgens meldeten die Ärzte auf der Säuglingsstation, auf der unsere Tochter in ihrem Brutkasten lag, wie üblich »Zustand unverändert«. Es gab kein Entkommen aus der Dauer-Warteschleife: Tag für Tag die Seele auf Eis legen, Gefühle ausschalten, vergebliche Versuche starten, mich auf andere Gedanken zu bringen, mich auf irgendetwas zu konzentrieren, während die quälenden Stunden sich dahinschleppen. Zukunftspläne, sonstige Lebensinhalte, alles war vorerst stillgelegt, sozusagen auf einem Nebengleis geparkt. Der einzige Gedanke: durch den Tag kommen und erleichtert aufatmen, wenn das Kind noch am Leben ist. Die Glasscheibe, die mich von der Handvoll Mensch auf der weißen Mullwindel trennte, kam mir wie eine dicke Betonwand vor. Anfassen durfte ich sie, aber nur mit sterilisierten Händen. Was heißt anfassen. Viel zum Anfassen gab es nicht. Unter dem Gewirr von Kabeln und Schläuchen verriet nur das leise Zittern einer winzigen Fläche roter, beinahe durchsichtiger Haut, dass da etwas lebte.

An einem Sterbebett zu wachen, war für mich nichts Neues. Das Warten auf ein Ergebnis, während meine Großmutter nach ihrem Schlaganfall auf der Intensivstation lag, war schlimm genug, aber doch anders gewesen. Sie war schon alt und vorher schon sehr krank gewesen. Wir wussten, irgendwann geht es zu Ende. Die Diagnose meiner Mutter stand inzwischen ebenfalls fest. Das Worst-Case-Szenario war da, wir konnten anfangen, uns damit abzufinden, die Abschieds- und Trauerarbeit einzuläuten. Aber zu wachen am Bett meines neugeborenen Kindes?

Ich schlief nachts mit dem Gebet ein, dass sie doch bis zum nächsten Tag leben möge. Morgens wachte ich mit der dumpfen Angst im Herzen auf, dass ich auf die Intensivstation gehen würde, und sie wäre nicht mehr da. Bei dem Baby neben ihr waren die Versorgungsgeräte abgeschaltet worden, ich hatte das Schluchzen gehört, als man den Eltern die schlechte Nachricht offenbart hatte.

Das Schweigen aus unserem Bekanntenkreis deutete auf Ratlosigkeit hin. Auch unseren Freunden fiel das Warten schwer. Glückwünsche oder Beileid? Lieber abwarten. »Deborah« nannten wir unsere Tochter, wie im Falle eines Mädchens schon geplant. »Nicole« – »die Überwinderin« – als zweiter Name. Ein Akt des Zynismus oder des Glaubens? Ich wusste es nicht.

Helmut hatte keinen Augenblick daran gezweifelt, dass das Kind leben würde, und dokumentierte fleißig mit seiner Kamera diese ersten zerbrechlichen Tage. Später würden wir diese Fotos schätzen, meinte er. Er las Deborah stundenlang Psalmen vor, während er ihre winzigen Fingerchen durch das Loch des Brutkastens hindurch streichelte. Ich dagegen versuchte, mich damit abzufinden, dass mein Leben fortan eine Endlosschleife von Warten, Hoffen und

Bangen sein würde. Ich konnte mir nicht vorstellen, dass dieses Leben in der Schwebe jemals ein Ende haben würde.

Ein Lichtblick in den Psalmen

Zwei Wochen nach Deborahs überstürzter Ankunft blätterte ich halbherzig durch die Psalmen in dem Versuch, einen Funken Trost zu finden. Gott das Versprechen abzuringen, dass mein Kind gesund werden würde, kam mir vermessen vor. Die Eltern neben uns hatten ihr Baby verloren. Auch sie hatten um Hilfe geschrien. Warum sollte Gott uns bevorzugen? Mein Blick blieb am 84. Psalm hängen:

»Auch der Vogel hat ein Haus gefunden und die Schwalbe ein Nest für sich, wo sie ihre Jungen hingelegt hat – deine Altäre, Herr der Heerscharen, mein König und mein Gott!« (Psalm 84,4).

Die Altäre – Ort des Blutvergießens. Seltsam: Ausgerechnet dort bauen die Vögel ihre Nester. Nicht am Spielplatz, im Kletterpark oder im Spielwarenladen. Ich ging diesem Gedanken nach und schrieb neben den Vers: »Der Ort des Opfers ist der Ort der Sicherheit. Gottvertrauen und Leichtigkeit von den Vögeln lernen«. Ein neues Bild schoss mir flüchtig durch den Kopf: meine Tochter, befreit von Kabeln und Beatmungsschlauch, friedlich schlafend in der Hand Gottes, während er sich über sie beugte und sanft auf ihr winziges Gesicht blies.

Mir wurde schmerzhaft klar, dass das Kind ihm gehörte, nicht mir. Es war mir nur ausgeliehen – für wie lange, das hatte er zu entscheiden. Der Ort des Opfers. Dort wird die Trennwand zwischen Zeit und Ewigkeit weggenommen, und der Himmel bricht an. Wahrheiten aus dem Wort Gottes leuchteten plötzlich wieder auf – die Fundamente waren noch da. Ein Leben in der Nachfolge Jesu bedeutet, dass *er* das Sagen hat, nicht ich. Nichts, was ich habe, gehört mir wirklich. *»Der Herr hat gegeben, und der Herr hat genommen, der Name des Herrn sei gepriesen!« (Hiob 1,21)*, erklärte einmal ein gebeutelter Diener Gottes am Tiefpunkt eines schweren Schicksals.

Ich beschloss, aus dem Ort der Ungewissheit einen Ort der Ruhe zu machen. Ich ließ innerlich los, übergab Gott die Kontrolle und schenkte ihm mein Leben zurück. Geduld ist nicht nur ein Persönlichkeitsmerkmal, eine Tugend, die man einübt. Sie ist ein Akt der Hingabe.

Am nächsten Tag schleppte ich mich drei Stockwerke hoch zur Intensivstation. Ängstlich, aber gefasst. »Unser« Brutkasten stand nicht am üblichen Platz. Mein Herz raste. Jetzt war es so weit: Wir waren an der Reihe. Oder doch nicht? Die Schwester deutete lächelnd auf einen Brutkasten weiter unten im Saal. Keine Geräte, kein Beatmungsschlauch, nur die Magensonde. Deborah lag auf ihrem Bauch, ein rosa Strickjäckchen bedeckte sie bis über die Füße, die winzige Windel reichte bis unters Kinn. Wie eine kleine Schildkröte, dachte ich. Sie streckte ein Bein nach hinten und öffnete ein Auge.

Manchmal wird das Leben zurückgeschenkt. Manchmal nicht. Die Spannung blieb, es lag noch ein langer Weg vor uns, bevor wir unser Kind mit nach Hause nehmen konnten. Aber die erste Panik war weg, es konnte kurz aufgeatmet werden. Ich hatte Hoffnung, dass das Warten ein Ziel hatte, auf das es sich lohnte zuzulaufen.

Übernatürliche Gelassenheit, mitten in der Krise

Geduld – oder auch »Langmut«, wie es die Elberfelder Übersetzung nennt – ist eine sehr tiefe Form des Gottvertrauens. Wenn ich in einer Sackgasse stecke, ohne Ausweg in Sicht, kann ich mich dazu entschließen, *ihn* Gott sein zu lassen, ihm alles anzuvertrauen, was ich selber nicht steuern kann. Ihm auch meine Hilflosigkeit auszuliefern, meine Unfähigkeit, Schmerz auszuhalten. Ich kann ihm das Recht einräumen, dass *er* entscheiden soll, wie viel mir zuzumuten ist. Geduld hat immer auch mit dem Abschied von der Illusion zu tun, dass ich mein Leben selbst in der Hand habe.

Auf der Reise ins selbst gemachte Glück wird unsere Seele manchmal mit einer unerwünschten Unterbrechung konfrontiert: Der Traumjob wird einem anderen gegeben. Die neuen Medikamente schlagen nicht an, der lang ersehnte Brief lässt auf sich warten, es kommt keine Antwort auf die Einladung oder das Hilfsangebot.

In der Bibel lernen wir Diener und Dienerinnen Gottes kennen, deren Ausdauer und Geduld schier übernatürlich waren. Sie scheinen eines gemeinsam zu haben: Sie sind im Besitz von Informationen, die jenseits ihrer unmittelbaren menschlichen Wahrnehmungen und Gefühle liegen. Womöglich haben sie irgendein Vorwissen über die Absichten Gottes, das sie befähigt, unvorstellbare Spannung auszuhalten und in Krisensituationen mutig zu handeln. Jesus selber ist das beste Beispiel dafür. Seine Fähigkeit, Spannung auszuhalten, rührt sicherlich vom Meditieren über das Wort Gottes her.

Gleich am Anfang der drei aktiven Dienstjahre Jesu versucht der Teufel, ihn zu Fall zu bringen – ganz ähnlich, wie es ihm einst bei Adam und Eva im Garten Eden gelungen ist. Seine Botschaft lautet etwa so: »Jesus, es gibt einen einfacheren Weg. Das Kreuz muss nicht sein, das musst du dir nicht antun. Gott ist nur gemein zu dir. Hilf dir doch selbst. Du hast Hunger, verwandle die Steine in Brot. Kriegst du doch hin. Du brauchst Öffentlichkeit. Du musst beweisen, dass du der Messias bist. Wirf dich von der Tempelzinne und demonstriere den Massen, dass Gott dich auffängt.

Du brauchst Siege, Erfolge, die du vorzeigen kannst. Kann ich dir alles geben, wenn du mich anbetest. Komm, es steht dir zu, gönn es dir« (vgl. Matthäus 4,1-11). Es ist das Geflüster von Eden, neu inszeniert: »Gott will dir etwas vorenthalten. Er überfordert dich. Nimm es dir doch selber!«

Offenbar hat Jesus sich gerade über das fünfte Buch Mose Gedanken gemacht. Dreimal wird er versucht. Dreimal schießt er zurück mit den Worten *»Es steht geschrieben«*, jedes Mal mit einem Zitat aus 5. Mose:

- »Er aber antwortete und sprach: Es steht geschrieben: ›Nicht von Brot allein soll der Mensch leben, sondern von jedem Wort, das durch den Mund Gottes ausgeht‹« (Matthäus 4,4).
- »Jesus sprach zu ihm: Wiederum steht geschrieben: ›Du sollst den Herrn, deinen Gott, nicht versuchen‹« (Matthäus 4,7).
- »Da spricht Jesus zu ihm: Geh hinweg, Satan! Denn es steht geschrieben: ›Du sollst den Herrn, deinen Gott, anbeten und ihm allein dienen‹« (Matthäus 4,10).

Manchmal vergessen wir, wenn wir diese Geschichte lesen, in welchem Zustand Jesus sich gerade befand: Er war hungrig, geschwächt, erschöpft. Aber sein Gegner konnte ihn nicht besiegen. Jesus hielt durch. Der Verfasser des Hebräerbriefes erklärt uns, warum: *»Denn das Wort Gottes ist lebendig und wirksam und schärfer als jedes zweischneidige Schwert und durchdringend bis zur Scheidung von Seele und Geist, sowohl der Gelenke als auch des Markes, und ein Richter der Gedanken und Gesinnungen des Herzens« (Hebräer 4,12).*

In einer Zeit der existenziellen Not haben Gottes Anweisungen in Jesu gequälter Seele mehr Gewicht als die Versuchung, den bequemen Weg zu gehen. Jesus setzt das Wort Gottes als Waffe gegen die raffinierten Schliche des Feindes ein. Des Feindes, der auch unserem Herzen zuflüstern will, dass Gott gemein ist, dass wir jetzt lange genug auf eine Lösung für das Problem gewartet haben, dass Gott uns bestimmt übersehen hat, dass wir das Glück, das uns zusteht, einfach an uns reißen sollen.

Wie eine Seele lernt, Schmerz auszuhalten

Im zwölften Jahrhundert, lange bevor die Reformation die Zusagen und Verheißungen im Wort Gottes für jedermann zugänglich machte, hat ein französischer Mönch, Bernhard von Clairvaux, ein Gedicht geschrieben, das das Geheimnis des Wartenkönnens für die Nachfolger Jesu auf bewegende Weise zusammenfasst. Der Text wird bis heute beim traditionellen Abendmahl in der anglikanischen Kirche gesungen:

Jesus, the joy of loving hearts,
true source of life, our lives sustain;
from the best bliss that earth imparts,
we turn unfilled to you again.

(Jesus, die Freude liebender Herzen,
wahre Quelle des Lebens, erhalte du unser Leben.
Wir wenden uns ab von den schönsten Freuden,
die die Welt zu bieten hat –
und wenden uns, ohne Erfüllung, dir wieder zu.)

Our restless spirits long for you,
however may our lot be cast,
glad when your gracious smile we view,
blessed when our faith can hold you fast.

(Unser unruhiger Geist sehnt sich nach dir,
wie auch immer das Leben mit uns verfährt.
Froh, wenn dein Antlitz uns freundlich zugewandt ist,
gesegnet, wenn unser Glaube an dir festhalten kann.)[19]

Auch die Beschäftigung mit der Frucht »Geduld« führt zur Quelle zurück: zu Jesus, der all unsere tiefsten Sehnsüchte erfüllen und uns in unseren größten Nöten beistehen möchte. Gerade das Gefühl der Hilflosigkeit in ungeklärten Situationen gibt uns die Möglichkeit, im Glauben zu wachsen. Wir lernen dann Vertrauen, Ausharren, Glauben, auch wenn nichts von dem, was wir glauben, zu sehen oder zu fühlen ist.

»In Hoffnung freut euch; in Bedrängnis harrt aus; im Gebet haltet an« (Römer 12,12), schreibt Paulus an seine Freunde in Rom. Dieser Vers ermutigt uns, Gott recht haben zu lassen – auch wenn die Gesundheit nicht besser wird, es keine Lösung für den Konflikt gibt, das Geld knapp ist, die Hilfe ausbleibt, die wir so dringend brauchen. Sein Wille geschehe, nicht unser Wille.

Unser Kontrollverlust erinnert uns an seine Souveränität. Wartezeiten können intensive Begegnungszeiten mit dem Herrn sein, wenn wir es so wollen. Das zermürbende, einsame Warten auf Partnerschaft oder Freundschaft ist eine Einladung, in Gott selber die Liebe unseres Lebens zu finden. Das Warten auf eine Arbeit oder auf Versorgung lehrt uns, dass Gott derjenige ist, der uns Würde verleiht, nicht gesellschaftlicher Status. Das Warten auf Heilung erinnert uns daran, dass unser irdischer Leib vergänglich ist, dass der Himmel und nicht die Erde unsere wahre Heimat ist. Jede Art von irdischem Verzicht kann unseren Blick nach oben ziehen, uns darauf hinweisen, dass unser Schöpfer der Einzige ist, der unserem Leben einen Sinn geben kann.

Praktische Vorteile von Geduld

Geduld zu lernen in den Härten des Lebens, bringt – gerade wenn alles in uns sich dagegen sträubt – in allen Bereichen des Lebens Vorteile. Auch in einem normalen, krisenfreien Alltag. Geduldige Menschen haben bessere Chancen, körperlich gesund zu sein, als ungeduldige. Sie sind weniger angespannt, schlafen nachts besser, sind weniger geneigt, in schlechte Gewohnheiten oder Süchte zu gleiten, um sich von der Qual des Wartens abzulenken. *»Ein gelassenes Herz ist des Leibes Leben, aber Wurmfraß in den Knochen ist die Leidenschaft« (Sprüche 14,30).*

Am meisten profitiert unsere Beziehungswelt davon, wenn wir Geduld lernen. Geduld ist das Gegenteil von Zorn und von aufbrausenden, impulsiven Reaktionen. Wir verletzen unsere Mitmenschen, wenn wir ungeduldig sind. Wir setzen andere unter Druck, wenn wir auf eine Lösung nicht warten können, in ungeklärten Situationen keine Ruhe bewahren. Oft gehen Beziehungen in die Brüche, weil wir an Ort und Stelle recht haben wollen, den anderen zu unserer Sichtweise der Dinge drängen, unsere Agenda durchsetzen wollen, unser Revier abstecken, Kontrollverlust vermeiden. Die Chancen, dass unsere Beziehungen dauerhaft gesund und intakt bleiben, stehen besser, wenn wir Spannung aushalten und ruhig bleiben können.

Der pragmatisch denkende Verfasser der Sprüche im Alten Testament hatte seine eigene deftige Art, auf die Vorzüge des geduldigen Verhaltens hinzuweisen: *»Der Langmütige ist reich an Verständnis, aber der Jähzornige trägt Narrheit davon« (Sprüche 14,29). »Besser ein Langmütiger als ein Held, und besser, wer seinen Geist beherrscht, als wer eine Stadt erobert« (Sprüche 16,32).*

Der Apostel Paulus erinnert uns im Neuen Testament daran, dass die Liebe langmütig ist (1. Korinther 13,4) und dass wir einander *»mit aller Demut und Sanftmut, mit Langmut«* ertragen sollen (Epheser 4,2).

Vom Ende her denken

Gerade in schweren Zeiten haben diejenigen die Nase vorn, die Geduld gelernt haben. Für einen Diener Gottes bestehen solche Zeiten nicht aus einem trägen Leerlauf, in dem man Däumchen drehend oder voller Angst auf eine Erlösung hofft. Es handelt sich vielmehr um ein gespanntes, aktives Warten. Sozusagen auf Zehenspitzen, in dem Bewusstsein, dass nur in Gottes Nähe wahres Glück zu finden ist. Ein Ausharren in der Gewissheit: Gott selber ist sowohl das Ziel meines Wartens als auch der Weg dorthin.

Viele rastlose Seelen in der Bibel, die unter herben Verlusten leiden, kommen in der Gegenwart Gottes zur Ruhe. Der alttestamentliche Hiob ringt mit Gott mitten in einer Reihe von krassen Schicksalsschlägen, hält hartnäckig an seinem Gottvertrauen fest und wird schließlich belohnt. Die unfruchtbare Hanna fleht Gott um ein Kind an, schöpft neue Hoffnung und findet ihr Lächeln wieder, lange bevor das Kind sich schließlich ankündigt (1. Samuel 1). Simeon, der seit Jahren auf den Messias wartet, schaut ins Gesicht eines kleinen Kindes und weiß sofort: »Der ist es!« Ein kleines Häuflein neugeborenes Leben, das die Hoffnung für eine gebrochene Welt verkörpert (Lukas 2).

»Wenn wir aber das hoffen, was wir nicht sehen, so warten wir mit Ausharren«, schreibt Paulus (Römer 8,25) und ermutigt so seine Leser, vom Ende her zu leben und zu glauben. Den Galatern empfiehlt er: *»Lasst uns aber im Gutestun nicht müde werden! Denn zur bestimmten Zeit werden wir ernten, wenn wir nicht ermatten« (Galater 6,9).*

König David weißt, dass diese Art von Geduld oder »Harren auf den Herrn« uns die Kraft gibt, auch Verfolgung und Ungerechtigkeit zu ertragen: *»Schweige vor dem Herrn und harre auf ihn! Entrüste dich nicht über den, dessen Weg gelingt, über den Mann, der böse Pläne ausführt!« (Psalm 37,7).*

Der Prophet Jesaja greift diesen Faden wieder auf: *»Und darum wird der Herr darauf warten, euch gnädig zu sein, und darum wird er sich erheben, sich über euch zu erbarmen. Denn ein Gott des Rechts ist der Herr. Glücklich alle, die auf ihn harren!« (Jesaja 30,18).*

Vielleicht denkt Petrus an diese alten Worte, während er an leidende Mitchristen schreibt: *»Der Herr verzögert nicht die Verheißung, wie es einige für eine Verzögerung halten, sondern er ist langmütig euch gegenüber, da er nicht will, dass irgendwelche verloren gehen, sondern dass alle zur Buße kommen (2. Petrus 3,9).*

Jakobus geht noch einen Schritt weiter. Wir sollen es als göttliches Kompliment be-trachten, wenn wir schwere Tage erleben: *»Haltet es für lauter Freude, meine Brüder, wenn ihr in mancherlei Versuchungen geratet, indem ihr erkennt, dass die Bewährung eures Glaubens Ausharren bewirkt. Das Ausharren aber soll ein vollkommenes Werk haben, damit ihr vollkommen und vollendet seid und in nichts Mangel habt« (Jakobus 1,2-4).*

Warten ist im Reich Gottes nie umsonst! Weil der Herr selbst bei uns ist. Und er ist das eigentliche Ziel unserer Suche. Warten heißt also, dass wir die Herrlichkeit, die wir eines Tages sehen werden, bereits hier und jetzt ein wenig vorausahnen (vgl. Römer 8,23-25).

»All dic guten und herrlichen Dinge, die wir in unserem Leben haben, sind Dinge, die uns jetzt für den Gebrauch zur Verfügung stehen; aber sie können unser Herz nicht erfüllen. Alle vergänglichen Dinge können höchstens als Hinweisschild auf die wahre Erfüllung dienen, die nur in Jesus Christus zu finden ist. Wie das funktioniert, weißt du vom Autofahren oder vom Reisen: Ein

Schild weist dich auf ein Ziel hin; aber das Schild steht nicht für das Ziel selbst.

Alles Gute, das wir empfangen haben, weist uns auf den Geber hin; aber es kann uns nie das geben, was der Geber schenken kann. Alle guten Situationen, Orte, Besitztümer, Beziehungen, Errungenschaften und Naturschönheiten dieser physischen Welt sind wunderbare Segnungen aus der Hand Gottes; aber sie haben keine Fähigkeit, dir das Einzige zu geben, was dein Herz verzweifelt begehrt – Erfüllung. Paulus drückte es so aus: ›Trachtet nach dem, was droben ist, nicht nach dem, was auf Erden ist. Denn ihr seid gestorben, und euer Leben ist verborgen mit Christus in Gott‹ (Kolosser 3,2-3). Jesus Christus reicht aus, um alle Bedürfnisse derer zu stillen, die zu ihm gehören. Christus stillt unseren Durst nach Erfüllung – also gibt es keinen Grund mehr, woanders zu suchen.«[20]

Mein Kontrollverlust ist Gottes Chance, mich an seine Souveränität zu erinnern. Und er wird mir zeigen, welchen Part ich übernehmen soll, welche Schritte ich gehen muss, wann ich schweigen soll, wann ich einen bestimmten Weg einschlagen soll, wann ich eigene Gedanken niederlegen und lieber auf andere hören soll. Und wenn ich im Chaos einer Lebenskrise meine Ruhe verliere, dann darf ich ihn und andere um Vergebung bitten, neu durchstarten, aus meinen Fehlern lernen und weiterhin auf seine Hilfe setzen.

»Aber die auf den Herrn harren, kriegen neue Kraft, dass sie auffahren mit Flügeln wie Adler, dass sie laufen und nicht matt werden, dass sie wandeln und nicht müde werden« (Jesaja 40,31; LUT).

ZUM NACHDENKEN

Gibt es gerade eine Situation in meinem Leben, in der ich denke: »Das halte ich keine Minute länger aus – ich kann nicht mehr!«? Möchte ich Gott darum bitten, dass er gerade in dieser Situation in mir neues Vertrauen bewirkt, dass er selber meinen Mangel ausfüllt und meine Liebe zu ihm vertieft?

5. FREUNDLICHKEIT:
Müssen Christen nett sein?

Liebe muss für uns erkennbar sein und uns offenbart werden – durch Worte, durch Zuwendung und durch Verhalten. Und das Ausmaß der Liebe wird offensichtlich an der Intensität des Verhaltens und der Taten der Liebe.[21]
Hans Peter Royer

Mit Freundlichkeit fängt alles an

Liebe, Freude, Friede, Geduld. Ein beeindruckender Viererpack der begehrenswertesten Charakterattribute, die ein Mensch sich nur wünschen kann! Diese ersten vier Früchte, oder das Streben nach ihnen, sind das Fundament eines gesunden Charakters – der Teil, der zunächst einmal unsichtbar ist. Die nächsten Früchte auf Paulus' Liste sind das Bauwerk, das sich auf diesem Fundament erhebt, der sichtbare Teil. Sie stehen für die Auswirkungen der ersten vier Früchte auf unser äußeres Verhalten. Freundlichkeit, die fünfte Frucht, ist die Art und Weise, wie die Liebe Christi, die uns innerlich bewegt, sich nach außen hin zeigt.

Im Duden wird Freundlichkeit gleichgesetzt mit »Entgegenkommen, Gefälligkeit, Güte, Gutherzigkeit«.[22] Für uns Christen ist Freundlichkeit nicht in erster Linie ein Gefühl, sondern es sind Umgangsformen, die von der Liebe Gottes inspiriert sind, unabhängig davon, wie wir selbst von unseren Mitmenschen behandelt werden. Wir sind freundlich zu unseren Mitmenschen, weil Gott zu uns freundlich ist.

Wem viel vergeben wird, der liebt viel, sagte Jesus einmal sinngemäß (Lukas 7,47). Während er diese Worte sprach, füllte der Duft von kostbarer Salbe den Raum, in dem kurz zuvor eine reumütige Sünderin auf lauter Missbilligung und Verachtung gestoßen war. Freundlichkeit ist ein bejahender, anerkennender Umgang mit meinen Mitmenschen, ungeachtet ihrer Identität, ihres Status im Leben oder der Frage, ob mir die Beziehung zu ihnen etwas bringt oder nicht.

König David war ein Meister in Sachen Freundlichkeit. Wir finden ihn immer wieder auf der Suche nach Menschen, denen er Gutes tun kann – manchmal zum Leidwesen seiner engsten Mitarbeiter, die nur den Kopf schütteln und ihn für ganz schön naiv halten:

- Er weigert sich, König Saul, der ihm nach dem Leben trachtet, zu hassen (1. Samuel 24,13; 26,9).
- Er ist aufgebracht, als die Getreuen Sauls, die seine Feinde sind, ermordet werden (2. Samuel 3–4).
- Er will den alten Soldaten Barsillai für seine Unterstützung im Krieg belohnen (2. Samuel 19,34).
- Er begnadigt den Verräter Schimi (2. Samuel 19,24).

Davids wohlwollende Haltung lässt sich am besten in einem Satz zusammenfassen, den wir am Anfang von 2. Samuel 9 finden: »*Gibt es vielleicht noch jemand, der vom Haus Sauls übrig geblieben ist, damit ich Gnade an ihm erweise?*« In der Tat wird der behinderte Sohn Jonathans, Mefi-Boschet, aufgespürt, der daraufhin von David großzügig versorgt und beschenkt wird.

Was Freundlichkeit bedeutet, haben wir begriffen, wenn auch wir mit der Frage im Herzen durchs Leben gehen: »Gibt es vielleicht noch jemand, damit ich Gnade an ihm erweise?« Jemand, den ich mit einem freundlichen Wort segnen kann, einem fröhlichen Gruß, einem Dankeschön, einem anerkennenden Kommentar, einem großzügigen Trinkgeld, einem Hilfsangebot?

Ich saß einmal in einem überfüllten Zug, der gleich losfahren sollte. Da stieg in letzter Minute eine blinde junge Frau in das Abteil, in dem ich Platz genommen hatte. Sie tastete sich durch den Gang mit ihrem Blindenstock in der einen Hand, einer Reisetasche in der anderen. »Sitz Nummer 14A«, rief sie bittend. »Kann jemand mir sagen, wo 14A ist?« Sie war offensichtlich gestresst, den Tränen nahe. Ich blickte mich um in der Hoffnung, dass ihr ein erfahrener Reisender zu Hilfe eilen würde. Besser wäre es gewesen, wenn ich selbst sofort aufgesprungen wäre. Ich hatte aber genug Mühe gehabt, mich selber durch das Gedränge zu schieben, um meinen Platz zu finden, und wollte eigentlich meine Ruhe haben.

Doch dann bekam ich Mitleid. Ich erhob mich, nahm die junge Frau am Arm und marschierte mit ihr durch den beengten Gang auf der Suche nach ihrem Sitzplatz. Als wir ihn gefunden hatten, fragte ich sie, wohin sie fahren wollte, und sagte ihr meine Hilfe für den Ausstieg zu.

Keine große Heldentat, eigentlich etwas Selbstverständliches. Ernüchternd war jedoch, dass ich ihr als Einzige meine Hilfe angeboten hatte. Die anderen Passagiere, die bereits einen Sitzplatz ergattert hatten, versteckten sich hinter Zeitungen oder waren in ihre Laptops oder Handys vertieft. Sie hatten die Hilferufe ignoriert, nicht einmal aufgeblickt. Auch in den Gängen brauchte es erst eine direkte Aufforderung, bevor die Leute für eine Frau, die nichts sehen konnte, zur Seite wichen.

Eine Kultur der Freundlichkeit

Nicht nur in der Bahn, sondern auch in der Kirche Jesu Christi ist Unfreundlichkeit zur Epidemie geworden, wie ein kleiner Auszug aus meinem Tagebuch zeigt:

Hochzeit in der Gemeinde. Ein kleines Biotop innerhalb der großen Biosphäre des Leibes Christi in Deutschland – ich glaube, es gibt keine einzige Glaubensrichtung, die unter der Verwandtschaft dieses Hochzeitspaares nicht vertreten wäre. Und sie wollen alle kommen. Ich wurde gewarnt. Meine Nerven sind in höchster Alarmbereitschaft, hoffentlich kommt keiner darauf, dass ich die Frau des Pastors bin. Während ich meine Jacke an die Garderobe hänge, informiert mich eine frisch eingetroffene kirchliche Funktionärin, dass es eigentlich unter ihrer Würde sei, eine Freikirche zu betreten, sie sei nur wegen ihrer Cousine gekommen.

Ein junger Mann mit Piercings marschiert in den Saal, begutachtet den abgenützten Teppich und verlangt danach, das Mischpult zu sehen. Zur *»Location«* einer modernen *»Church«* gehöre für ihn doch ein *»State-of-the-Art Equipment«*. Er will wissen, welche Form von Beleuchtung wir für unseren *»Praise and Worship«* haben. Mit einer jungen Frau unterhält er sich anschließend darüber, dass hier gar keine richtige Stimmung sei.

Nach dem Ende des Gottesdienstes entrüstet sich ein ernst dreinblickender Bruder, weil *Die Herrlichkeit des Herrn* dreimal gesungen wurde, das sei doch völlig übertrieben. Am anderen Ende des Büchertisches gestikuliert ein Mittvierziger mit beiden Armen. *Großer Gott, wir loben dich* könne man doch nicht im Stehen singen! Das sei reine Show. Sowieso seien hier zu viele Mitarbeiter am Werk – purer Aktivismus. So viele Ehrenamtliche – die stünden doch unter Zwang, seien entmündigte Ja-Sager, oder nicht? Frau Kirchenfunktionärin will unterdessen wissen, warum wir Asylsuchenden unseren Glauben aufdrängen, wie wir uns finanzieren und ob wir die Wiedertaufe praktizieren würden.

Ich habe genug, schnappe mir ein Geschirrtuch und flüchte in die Küche, wo ich mit anderen entmündigten Ja-Sagern eine Runde herzlich lache.

Tja, Christen gestehen sich selbst manchmal Unhöflichkeiten zu, die in jeder Firma, jeder Gaststätte und jedem Verein als verwerflich gelten würden. Gerade wir als Nachfolger Jesu müssten doch das Monopol auf Eigenschaften besitzen, die in dieser Welt Mangelware geworden sind. Die Freundlichkeit des Herrn färbt auf uns ab, wenn wir Zeit in seiner Gegenwart verbringen. Und gerade diese Frucht soll einen auffällig angenehmen Geschmack haben und auf den Gott hinweisen, der *»freundlich (ist), und seine Güte währet ewiglich« (Psalm 107,1; LUT).*

Aber was ist, wenn mir nicht danach ist? Nett sein, wenn alle nett zu mir sind, wenn ich ausgeschlafen bin, meine Wochenpläne gut im Griff habe, in der Gemeinde oder in der Schule von wohlwollenden Gesichtern begrüßt werde – das ist kein Kraftakt. Aber wenn die Schulklasse mich mit einem Stöhnen empfängt, als wären sie jetzt an jedem Ort der Welt lieber als bei mir im Englischunterricht? Wenn ein lieber Gottesdienstbesucher auf meine Versuche, mit ihm ins Gespräch zu kommen, nur mit einsilbigen Antworten reagiert? Oder, noch schlimmer, mit einer Liste von Klagen, was ihm am Gottesdienst nicht gefallen hat? Wenn ich mir Mühe gebe, jemandem zu helfen, aber zum Dank nur den Vorwurf erhalte, dass ich nicht genug gemacht hätte? Oder es »falsch« angestellt hätte?

Auch für solche Situationen hat die Bibel eine klare, nüchterne To-do-Liste, bei der ich nicht groß gefragt werde, ob mir etwas Spaß macht oder nicht. Manchmal muss ich sogar genau das Gegenteil von dem tun, wozu ich eigentlich Lust hätte. Aber auch das kann geübt werden. In Kolosser 3 vergleicht der Apostel Paulus die Veränderung unseres Charakters mit der alltäglichen Prozedur des morgendlichen Anziehens: Manche Dinge sollen wir ablegen und dafür in andere hineinschlüpfen: *»So zieht nun an als die Auserwählten Gottes, als die Heiligen und Geliebten, herzliches Erbarmen, Freundlichkeit, Demut, Sanftmut, Geduld« (Kolosser 3,12; LUT).*

Mit diesem »Gewand der Freundlichkeit« bekleidet, kann ich einen Streit schlichten, anstatt ihn weiter anzustacheln. Meinen Mund halten, wenn ich am liebsten meine Meinung hinausposaunen oder meinem Ärger Luft machen möchte, weil ich mich schlecht behandelt fühle. Der Schreiber der Sprüche rät dazu, Zorn mit Milde zu entwaffnen, denn *»eine sanfte Antwort wendet Grimm ab, aber ein kränkendes Wort erregt Zorn (Sprüche 15,1).* Oder: *»Freundliche Worte sind Honig, Süßes für die Seele und Heilung für das Gebein« (Sprüche 16,24).* Paulus bekräftigt diese Aufforderung in seinem Brief an die Kolosser: *»Euer Wort sei allezeit in Gnade, mit Salz gewürzt« (Kolosser 4,6).*

Mein Reden soll gnädig, freundlich, würzig sein – und zwar rund um die Uhr. Das heißt unabhängig von meiner Tagesform. Die Situationen, in denen wir Freundlichkeit üben können, müssen wir nicht suchen – sie kommen von allein: Momente, in denen wir zu allem Lust haben, nur nicht darauf, das Wohlbefinden eines Mitmenschen im Blick zu haben. Doch je mehr wir genau das üben, desto mehr profitieren wir sogar selber davon.

Wenn Freundlichkeit zum Lebensstil wird

Wenn sich neue Mitglieder in unserer Gemeinde vorstellen, werden sie oft gefragt, warum sie gerade zu uns in die Gemeinde kommen wollen. Manchmal kommen sie wegen der klaren Wortverkündigung, die sie schätzen, oder weil wir viele Kinder in der Gemeinde haben oder viele junge Leute. In aller Regel hat ihre Entscheidung aber damit zu tun, dass irgendjemand freundlich zu ihnen war, sie an der Tür herzlich begrüßt hat, ihnen gezeigt hat, wo der Kindergottesdienst stattfindet, sie nach dem Gottesdienst zu einer Tasse Kaffee eingeladen hat, sie auf weitere Veranstaltungen hingewiesen hat, die für sie von Interesse sein könnten. Um Menschen so zu begegnen, braucht man keine besonderen Talente – man muss nur reden können, Menschen lieb haben und es nicht persönlich nehmen, wenn man eine Abfuhr bekommt. Welch eine Chance für das Evangelium in einer Welt und einer Kirche, in der sich soziale Kompetenzen anscheinend im freien Fall befinden!

Wie dankbar bin ich, wenn ich einen Raum voller fremder Menschen betrete und jemandem begegne, der aktiv dafür sorgt, dass ich mich in der neuen Umgebung wohlfühle. Oder wenn ich bei einem Frauenfrühstück nicht angestrengt überlegen muss, was ich meiner Tischnachbarin als Nächstes sagen könnte, damit wenigstens ein bisschen Austausch stattfindet. Wie nett, wenn auf eine Frage eine Gegenfrage kommt und nicht nur eine einsilbige Antwort, sodass man überlegen muss: »Habe ich etwas falsch gemacht?«

Es gibt unzählige Wege, wie wir Freundlichkeit zeigen können. Das Kärtchen mit der Willkommens-Praline auf dem Platz, wenn Gäste kommen. Die herzliche Begrüßung für den Praktikanten, der neu in der Firma ist. Fragen wie: »Hast du alles, was du brauchst?« »Suchen Sie jemanden, kann ich Ihnen behilflich sein?« Die zeitlosen Klassiker: seinen Stuhl einem älteren Menschen anbieten, der Mühe hat, zu lange zu stehen. Der jungen Mutter helfen, mit ihren Kindern und dem Kinderwagen in den Bus zu steigen. Der Verkäuferin für ihre Mühe danken, nachdem sie mir gezeigt hat, wo die Hosen hängen, die im Angebot sind. Keine noch so kleine Wohltat an uns vorbeigehen lassen, ohne dass wir »Danke« sagen.

»Weißt du nicht, dass dich Gottes Güte zur Buße leitet?«, fragt Paulus seine Freunde in Rom (Römer 2,4; LUT). Durch unsere Freundlichkeit spiegeln wir die Güte Gottes wider und zeigen unseren Mitmenschen, dass wir nach anderen Spielregeln leben, als es in dieser Welt üblich ist, und dies mit Freude tun. Freundlichkeit ist unsere beste Chance, Zugang zu Herzen zu finden, die sich vielleicht auf diesem Weg für die Nähe Gottes öffnen, weil sie durch uns seiner Liebe und Güte begegnet sind.

Erneut meldet sich in mir die Skeptikerin: Ist das nicht vielleicht schon wieder ein unsichtbares Punktesystem der Werksgerechtigkeit? Müssen wir nett und brav sein, um bei Gott Gunst zu finden und himmelstüchtig zu werden? Muss ein Christ ein netter Mensch sein?

Von Tischmanieren und Gesprächskultur

In dem Mädcheninternat, in dem ich sechs Jahre meiner Jugend verbracht habe, war Freundlichkeit Pflicht. Wir bekamen Noten für unsere Tischmanieren. Es fing bei unserem Erscheinungsbild an: sauber gekämmte, zu Zöpfen geflochtene Haare, zugeknöpfte Strickjacke. Als Nächstes zählte die Körperhaltung: kerzengerade sitzen, keine Ellbogen auf dem Tisch. Dann wurde unser Verhalten bewertet: Wir sollten mit den Lehrerinnen, die an unseren Tischen verstreut saßen, höflichen Small Talk betreiben. Das aktuelle Weltgeschehen intelligent kommentieren. Dabei den Blick für die Tischnachbarinnen nicht verlieren: Wer braucht Butter? Bleibt der Brotkorb in Bewegung, damit alle was bekommen? Ist der Salzstreuer bis ans Ende des Tisches gelangt? Sind alle am Gespräch beteiligt, auch die Schüchternen? Und schließlich mussten wir natürlich warten, bis alle fertig waren, bevor die Teller zusammengestellt wurden. Und durften den Tisch erst nach dem Schlussgebet verlassen.

Bei diesen Mahlzeiten wurde für das Leben gelernt. Uns wurden gute Gewohnheiten antrainiert, die uns langfristig vermutlich mehr gebracht haben als erfolgreich gelöste Prozentaufgaben und die Konjugation lateinischer Verben. Ich bin jedoch über alle Maßen froh, dass Gott uns für unser Verhalten keine Noten gibt. Mit den Worten Jesu am Kreuz *»Es ist vollbracht!«* setzt Gott ein und für alle Mal einen Schlussstrich unter jedes geistliche Punktesystem. Nichts kann diesem siegreichen Ruf aus dem Mund des sterbenden Messias hinzugefügt werden. In diesem Punkt ist Gottes Wort klar und eindeutig. Dieses Wissen gehört zum ABC der Heilstheologie.

Aber das ist nur die Hälfte der Geschichte. Für unser Leben hier auf Erden und unser Zeugnis als Christen spielt unser Verhalten sehr wohl eine Rolle. Wer wirklich begriffen hat, was am Kreuz für uns geschehen ist, bleibt nicht der Gleiche. Glaube ohne Werke ist tot, schreibt Jakobus (2,17). Eine Bekehrung, die mich unverändert lässt, war keine echte Bekehrung. Deshalb sind die Reden Jesu voll klarer Direktiven – nicht, weil der Mensch sein Heil durch eigene Anstrengungen erlangen kann. Sondern weil der Mensch, der dieses Heil schon erlangt hat, in der Kraft Gottes so leben kann und will, dass diese Rettung sichtbar wird. Heiligung ist Gnade, die Hände, Füße und eine Stimme erhält und die die Augen anderer Menschen aufleuchten lässt.

Woran diese Hände, Füße und Stimmen im Alltag zu erkennen sind, macht Jesus auf eindrückliche Weise in vielen seiner Gleichnisse klar. Es sollte uns nicht wundern, dass gerade Tischgesellschaften die Schauplätze für das *»Best of«* unter diesen unvergesslichen Geschichten sind. Die Empfehlungen, die Jesus darin gibt, könnte man als »Knigge für Fromme« bezeichnen. Insbesondere jüdische Hochzeiten boten Verhaltensanalytikern reichlich Gelegenheit, ihre Mitmenschen zu studieren. Denn sie dauerten mehrere Tage und waren somit ein regelrechtes Schaulaufen aller klassischen Egoisten, Heuchler und Möchtegerns. Jesu Darstellungen gehen unter die Haut, treiben seine Gegner zur Weißglut, halten uns auch heute noch einen peinlichen Spiegel vor. Hier eine Kostprobe:

1. Der von sich selbst überzeugte Gast: »Bühne frei, hier komme ich!«

»Wenn du von jemandem zur Hochzeit eingeladen wirst, so lege dich nicht auf den ersten Platz, damit nicht etwa ein Geehrterer als du von ihm eingeladen ist und der, welcher dich und ihn eingeladen hat, kommt und zu dir spricht: Mach diesem Platz! Und dann wirst du anfangen, mit Schande den letzten Platz einzunehmen. Sondern wenn du eingeladen bist, so geh hin und lege dich auf den letzten Platz, damit, wenn der, welcher dich eingeladen hat, kommt, er zu dir spricht: Freund, rücke höher hinauf! Dann wirst du Ehre haben vor allen, die mit dir zu Tisch liegen. Denn jeder, der sich selbst erhöht, wird erniedrigt werden, und wer sich selbst erniedrigt, wird erhöht werden« (Lukas 14,8-11).

Den Typen, der sich selber äußerst wichtig nimmt, finden wir in verschiedenen Varianten in den Predigten Jesu: den Pharisäer, der sich als Profi-Beter ausgibt; den älteren Sohn im Gleichnis vom verlorenen Sohn, der lautstark und selbstgefällig über andere urteilt, aber sich selbst nicht beurteilen lässt; die fromme Elite, die Jesus einmal als einen Friedhof voller weiß getünchter Gräber bezeichnet. Dieser Gast ist der klassische Snob, er will nur mit wichtigen Leuten zusammen gesehen werden. Er führt seine Beziehungen aus Berechnung, nach dem Motto: »Bringt diese Verbindung mich weiter? Hat sie Vorteile für mich?« Gerne lässt er in Gesprächen

Anspielungen fallen, welche wichtigen Leute er kennt und was für ein wichtiger Mensch er selber ist.

Er mag die Nähe zur Bühne. Am liebsten taucht er dort auf, wo er im Mittelpunkt stehen und mitbestimmen kann. Er gibt anderen Christen gerne das Gefühl, dass sie nicht geistlich genug sind. Seine Lieblingsbeschäftigung ist es, Splitter in den Augen der anderen zu suchen und seine Mitmenschen nach Fehlern zu »scannen«. Auf den dicken Balken im eigenen Auge lässt er sich nicht ansprechen. Er kann partout nicht begreifen, warum andere ihn und seine Meinung gar nicht so toll finden und ihn schließlich ans Fußende des Tisches verbannen.

Als erfrischendes Kontrastprogramm gibt es den Gast, der von vornherein am unteren Ende der Hochzeitstafel Platz nimmt. Dieser hat schon im Vorfeld ein paar wichtige Dinge für sich geklärt. Zum Beispiel:

- »Sinnt nicht auf hohe Ding, sondern haltet euch zu den Niedrigen« (Römer 12,16).
- »Es rühme dich ein anderer und nicht dein eigener Mund, ein Fremder und nicht deine Lippen!« (Sprüche 27,2).
- »Bei den Bescheidenen ist Weisheit« (Sprüche 11,2).
- »Den Demütigen aber gibt er Gnade« (Sprüche 3,34).

Diesem Gast geht es um den Bräutigam und die anderen Gäste, nicht um sein eigenes Ansehen. Deswegen ist es ihm egal, ob er hier groß rauskommt oder nicht. Er hört lieber zu, als selber zu reden. Er prahlt nie über seine geistlichen Errungenschaften, Erlebnisse und Erkenntnisse (Sprüche 20,6). So sieht die Frucht der Freundlichkeit aus.

2. Der Querdenker: »Ich lebe nach meinen eigenen Regeln«

»Als aber der König hereinkam, die Gäste zu besehen, sah er dort einen Menschen, der nicht mit einem Hochzeitskleid bekleidet war. Und er spricht zu ihm: Freund, wie bist du hier hereingekommen, da du kein Hochzeitskleid hast? Er aber verstummte. Da sprach der König zu den Dienern: Bindet ihm Füße und Hände, und werft ihn hinaus in die äußere Finsternis« (Matthäus 22,11-13).

Eine ganz schön heftige Strafe, könnte man meinen, für jemanden, dessen einziger Fehler es war, beim Fest im falschen Kleid aufzutauchen beziehungsweise die vom König geschenkten Kleider nicht anziehen zu wollen. Aber auch eine krasse Unverschämtheit seitens jenes Gastes, der beim König zu seinen eigenen und nicht zu den königlichen Bedingungen erscheint. Hier haben wir den frommen Hedonisten. Den Freigeist. Sein Therapeut hat ihm gesagt, dass er zu sich selber stehen, auf sein Herz hören, sich nicht von anderen bevormunden lassen soll, schon gar nicht vom König. Seine Lieblingssprüche könnten Sätze sein wie: »Ich bin, wer ich bin, so müsst ihr mich nehmen. Ich bin ehrlich und authentisch, mir ist es egal, was ihr von mir haltet.«

Dieser Hochzeitsgast liegt in der heutigen Zeit mächtig im Trend. Es gibt sogar ganze Kirchen, die einen Leitspruch »im eigenen Kleid« propagieren: Meine Vorstellungen sind das Maß aller Dinge. Ich entscheide, was richtig ist. Die Direktiven des Königs interessieren mich nicht. Die Vorstellungen und Wünsche meiner Mitmenschen auch nicht.

Das ist der Mensch, der immer zu spät zu Verabredungen kommt und keine Scheu hat, andere warten zu lassen und sie dadurch in Zeitnot zu bringen. Er schwänzt Termine, auf die er keine Lust hat, kommt nicht auf den Gedanken, sich an den Fahrtkosten zu beteiligen, wenn er bei jemandem mitfährt, meldet sich nicht, wenn eine

Antwort von ihm erbeten wird – und entschuldigt sich grundsätzlich für nichts. In Diskussionen weiß er es immer besser als andere und gibt ihnen gerne das Gefühl, dass er hier der Experte ist. Wenn er auf seine diversen Unsitten hingewiesen wird, unterstellt er dem, der ihn ermahnt, Spießigkeit und Kleinkariertheit.

Der Gast dagegen, der ordnungsgemäß in dem Kleid erscheint, das er vom König bekommen hat, ist ein gern gesehener Gast, wo immer er auftaucht. Er bemüht sich um das Wohl der anderen und vor allem darum, dem König zu gehorchen. Nicht, weil er muss, sondern weil er will. Er hat immerhin königliche Gewänder angezogen und steht im Dienst des Königs. Ihn finden wir auch an anderen Stellen in der Bibel beschrieben. Wir lesen von den Heiligen, die ihre weißen Gewänder »im Blut des Lammes« gewaschen haben (Offenbarung 7,13-14). Oder vom Hohepriester Joschua (Sacharja 3,4), der von einem Engel neu bekleidet wird. Oder vom verlorenen Sohn, der von seinem Vater das beste Gewand bekommt (Lukas 15,22).

Dieser Gast weiß:

- Es geht um Gottes Gerechtigkeit oder gar keine.
- Er muss sich bekleiden *lassen* – aus sich selbst heraus kann er es nicht.
- Er lässt sich gerne von Gott bekleiden. Er weiß, wie viel dieses Gewand den Sohn Gottes gekostet hat.

Diese Haltung zieht sich durch seinen ganzen Lebenswandel hindurch. Im Kleid des Bräutigams verhält er sich auch zunehmend wie der Bräutigam. Jesu Liebe, Gnade und Heiligkeit färben auf ihn ab und zeigen sich im Umgang mit seinen Mitmenschen. Auch er hat die Frucht der Freundlichkeit in seinem Leben wachsen lassen.

3. Auf der Suche nach neuen Gästen

»Er sprach aber auch zu dem, der ihn eingeladen hatte: Wenn du ein Mittag- oder ein Abendessen machst, so lade nicht deine Freunde ein noch deine Brüder noch deine Verwandten noch reiche Nachbarn, damit nicht etwa auch sie dich wieder einladen und dir Vergeltung zuteilwird. Sondern wenn du ein Mahl machst, so lade Arme, Krüppel, Lahme, Blinde ein! Und glückselig wirst du sein, weil sie nichts haben, um dir zu vergelten; denn es wird dir vergolten werden bei der Auferstehung der Gerechten« (Lukas 14,12-14).

»Und es geschah, als er in dem Haus zu Tisch lag, und siehe, da kamen viele Zöllner und Sünder und lagen zu Tisch mit Jesus und seinen Jüngern. Und als die Pharisäer es sahen, sprachen sie zu seinen Jüngern: Warum isst euer Lehrer mit den Zöllnern und Sündern? Als aber er es hörte, sprach er: Nicht die Starken brauchen einen Arzt, sondern die Kranken. Geht aber hin und lernt, was das ist: ›Ich will Barmherzigkeit und nicht Schlachtopfer.‹ Denn ich bin nicht gekommen, Gerechte zu rufen, sondern Sünder« (Matthäus 9,10-13).

Die Haltung, die hier beschrieben wird, darf das Lebensmotto der Nachfolger Jesu sein: Sie sehen in jedem Menschen jemanden, der mit aller Dringlichkeit ins Haus des Königs eingeladen werden soll. Ihr ganzes Leben richtet sich darauf aus, anderen Gutes zu tun. Sie heißen Fremde im Gottesdienst willkommen, interessieren sich für neue Besucher, laden Gäste zu sich nach Hause ein. Auch am Arbeitsplatz streuen sie Freundlichkeit aus, scheuen sich nicht, von Jesus zu erzählen. Sie können nicht anders, die Liebe Christi drängt sie. Ihr Interesse an Kindern ist genauso groß wie das an Führungskräften und Akademikern. Mit Andersdenkenden und sogar mit Feinden gehen sie freundlich um. Sie suchen das Gespräch, wenn es Differenzen gibt, gehen aber auf Abstand, wenn eine Beziehung sie auf negative Weise vereinnahmt und beeinflusst.

In diesen Hochzeitsgeschichten haben die vorbildlichen Gäste eines gemeinsam: Sie lieben den Gastgeber über alles – mehr als ihren eigenen Ruf, mehr als ihre eigenen Lebensziele und Wünsche. Sie lieben ihn um seinetwillen und nicht, um irgendwelche Gegenleistungen von ihm zu bekommen. Sie sind nicht damit beschäftigt, die Motive, Beweggründe und »Früchte« der anderen Geladenen zu beurteilen. Diese Aufgabe überlassen sie voller Vertrauen dem königlichen Gastgeber. Ihre Aufgabe ist es, ihre Freundlichkeit (oder: Milde, Güte) allen Menschen *»kund sein«* zu lassen (Philipper 4,5; LUT).

Man muss keine extrovertierte Persönlichkeit haben, um freundlich zu sein. Jeder von uns kann sich darin üben, mit offenen Augen durch den Tag zu gehen, seine Mitmenschen in der Firma, in der Klasse, in der Nachbarschaft anzulächeln und fröhlich zu begrüßen. Zeit für etwas Small Talk zu haben. Interesse zu zeigen. Nicht gekränkt zu sein, wenn das Interesse nicht erwidert wird. An einen Geburtstag zu denken. Zu fragen, wie die Klausur war. Nachzufragen, wenn jemand krank war. Anerkennung dort zum Ausdruck zu bringen, wo etwas Großartiges gewagt oder geleistet wurde.

War Jesus freundlich?

Wer die Gleichnisse Jesu näher studiert, fragt sich vielleicht, wie es mit der Freundlichkeit von Jesus selber bestellt war. Es gab nämlich eine Gruppe von Menschen, bei denen er schonungslos ans Eingemachte ging, ohne Rücksicht auf die persönlichen Befindlichkeiten seiner Gegner oder die Folgen für seinen eigenen Ruf. Das war die geistliche Elite seiner Zeit. Es waren die religiösen Führer, deren Frömmigkeit durch Machtgier und nicht durch Gottesfurcht motiviert war. Gerade diese hätten Jesus ein bequemes Leben verschaffen können, wenn er sich bei ihnen angebiedert hätte, sich vor ihren Karren hätte spannen lassen.

Biblische Freundlichkeit hat nichts mit Schmeichelei zu tun, sie ist immer mit Wahrheit gepaart. Wenn Jesus zu den Pharisäern sagt: *»Ihr Heuchler!« (Lukas 13,15; LUT)*, ist das keine Beleidigung, sondern eine lebensrettende Warnung. Es ist die Freundlichkeit einer Mutter, die ihrem Kind zuruft: »Weg von der Straße, du Schlingel!«, weil gerade ein Auto um die Kurve rast. Es ist die göttliche Freundlichkeit, die Jesus dazu bewegt, die geistlichen Leiter seiner Zeit zur Rede stellen. Diejenigen, für die Ämter, Hierarchien, Gehälter, Ansehen und Abläufe wichtiger sind als Menschen – die, die es besser wissen sollten, sich aber für die Experten halten.

In einem Vorfall, von dem Lukas berichtet (Lukas 13,10-17), erkennen wir den Ernst des Problems. Anstatt sich für eine Frau zu freuen, die nach achtzehn Jahren zum ersten Mal aufrecht stehen und ihren Mitmenschen ins Gesicht schauen kann, beschweren sich die Pharisäer über die Form und das Timing des Wunders. Ihr Mangel an Empathie ist haarsträubend. Sie sind eiskalte Operateure in einem geistlichen System, das auf Kalkül und Umsatz beruht und nicht auf der Gnade Gottes.

Freundlichkeit, die ansteckt

Es gibt biblische Persönlichkeiten, bei denen die Frucht der Freundlichkeit besonders ausgeprägt ist. König David ist nicht der Einzige, der mit seiner umgänglichen und fürsorglichen Art heraussticht. Abrahams herzliche Aufnahme von drei fremden Männern, die, wie sich herausstellt, Geheimagenten Gottes sind, bahnt den Weg für die Rettung seines Neffen aus dem Inferno der Stadt Sodom. Vielleicht dachte Paulus an diesen Vorfall, als er viele Jahrhunderte später schrieb: *»Die Gastfreundschaft vergesst nicht! Denn dadurch haben einige, ohne es zu wissen, Engel beherbergt« (Hebräer 13,2).*

Daniel begrüßt seinen König – nach einer vermutlich sehr spannenden durchwachten Nacht in der Gesellschaft hungriger Löwen – mit den freundlichen Worten: *»König, lebe ewig!« (Daniel 6,22).* Josef nimmt sich mitten in seiner aussichtslosen Lage im Kerker Zeit, um sich nach dem Wohlergehen seiner Mitgefangenen zu erkundigen (1. Mose 40,7). Der Landwirt Boas begrüßt seine Feldarbeiter am Tagesanfang mit den Worten: *»Der Herr sei mit euch!« (Rut 2,4).* Hiob erklärt ausdrücklich, dass er seinen Mitmenschen immer mit Freundlichkeit begegnet ist und ihnen geholfen hat – vor allem denjenigen, die es nicht so gut hatten wie er selbst (Hiob 31).

Philippus, der Evangelist, scheut sich nicht, den äthiopischen Kämmerer während seiner Reise freundlich anzusprechen: *»Philippus aber lief hinzu und hörte ihn den Propheten Jesaja lesen und sprach: Verstehst du auch, was du liest?« (Apostelgeschichte 8,30).* Das Ergebnis des darauf folgenden Gesprächs ist die erste afrikanische Taufe und vermutlich die erste Missionsarbeit in Nordafrika. Viele von Jesu tief greifenden Lehren oder Wundern fangen mit freundlichen Worten an, die an eine einzelne Person oder an eine Gruppe gerichtet sind:

- »Gib mir zu trinken!« (Johannes 4,7).
- »Was willst du, dass ich dir tun soll?« (Markus 10,51).
- »Ich muss heute in deinem Haus einkehren« (Lukas 19,5; LUT).
- »Werft das Netz auf der rechten Seite des Bootes aus!« (Johannes 21,6).

Influencer werden durch Freundlichkeit

Jesus macht es uns, seinen Nachfolgern, vor. Es ist nie unter seiner Würde, mit jemandem zu reden; niemand ist zu unwichtig, um beachtet zu werden. Wo auch immer er hingeht, streut er Gutes aus: Wahrheit, Liebe, Fürsorge, das Angebot, in eine Beziehung mit ihm zu treten, die Aufforderung, ihm nachzufolgen, so zu leben wie er.

Mein eigener Vater war für mich ein großes Vorbild. Überall, wo er hinkam, gab er jedem die Hand, begrüßte jeden freundlich, wusste fast immer, was sich gerade im Leben der anderen abspielte, sodass er entsprechende Fragen stellen konnte. Als Geschäftsführer einer erfolgreichen Firma in Afrika behandelte er den Hausmeister mit der gleichen Würde wie hochrangige Kunden. Das ist Freundlichkeit. Auch in späteren Jahren hatte mein Vater immer Zeit für ein paar freundliche Worte mit anderen: mit dem Briefträger, der zur Tür kam, mit der Verkäuferin an der Kasse, mit dem Kellner im Restaurant. In der Gemeinde sorgte er dafür, dass kein neuer Gottesdienstbesucher den Raum verließ, ohne freundlich angesprochen und nach dem Gottesdienst zum Kaffee eingeladen zu werden.

Das Auftauchen von drei jungen Männern in meiner unmittelbaren Familie verdanke ich ebenfalls der geistlichen Frucht der Freundlichkeit. Ich lernte meinen späteren Mann kennen, weil meine Eltern ihn herzlich in ihr Haus aufnahmen, als er in England mit einem Freund Urlaub machte und eine Übernachtungsmöglichkeit suchte. Die Freundlichkeit meiner Eltern weckte sein Interesse, die ganze Familie kennenzulernen. Mit unseren eigenen Schwiegersöhnen war es ähnlich. Einen lernten wir kennen, weil ich nach einem Jugendgottesdienst mit ihm Small Talk machte, ihn fragte, woher er komme und was er studieren würde. Am nächsten Sonntag tauchte er in unserer Gemeinde auf. Der andere fand seinen Weg in unser Leben durch die Gastfreundschaft unserer Jugendleiter. Freundlichkeit macht sich bezahlt – immer.

Wenn ich gefragt werde, wie man als Influencer, Schriftsteller, Unternehmer erfolgreich wird, ist meine Antwort immer die gleiche. Natürlich sind Talent, Disziplin und Ausdauer wichtig. Man muss sein Handwerk kennen und bereit sein, hart zu arbeiten. Aber fang mit Freundlichkeit an. Mach dich nicht zuerst auf die Suche nach einer Plattform, nach Kunden oder Followern. Erfolg wird eine Nebenwirkung deiner Freundlichkeit sein. Selbstverständlich muss sie von Herzen kommen. Denn Menschen haben ein Gespür dafür, ob sie um ihrer selbst willen geschätzt werden oder als Mittel zum Zweck.

Ich fragte mal den Musiker und Chorleiter Gerhard Schnitter, ob er mir Tipps für meine Podcastarbeit geben könne. Immerhin ist er einige Jahre beim Evangeliums-Rundfunk tätig gewesen und kennt sich mit den Medien aus. Seine Antwort: »Du musst dein Publikum lieb haben! Das strahlt in der Stimme durch, auch wenn dein Gesicht nicht zu sehen ist.«

Unser guter Freund Ernest Klassen, Gründer und für viele Jahre Leiter der Bibelschule Brake, lebte nach dem einfachen Motto: »Man trifft sich nie von ungefähr.« Er war ein Vollblut-Evangelist, ließ nie eine Begegnung vorbeigehen, ohne Interesse zu zeigen und ein Gespräch zu beginnen, in der Hoffnung, Gottes Liebe weiterzugeben – ob im Fahrstuhl, im Flieger, im Zug oder in der Warteschlange beim Einkaufen. So furchtlos und authentisch den Glauben weitergeben wie »Onkel Ernie« Klassen, das werde ich nie können, muss ich auch nicht.

Aber trotzdem sorge ich dafür, dass ich immer ein Kärtchen mit einer biblischen Ermutigung dabeihabe, das ich in die Hand des Busfahrers oder nach einem Elterngespräch in die Hand der Mutter drücken kann. Freundlichkeit ist nie fehl am Platz. Für meine

Versuche, freundlich zu sein, habe ich oft genug verwirrte Blicke geerntet, spöttisch verdrehte Augen oder ein Kopfschütteln. Aber niemals hat jemand gesagt: »Sei doch nicht so nett und ermutigend, das mag ich gar nicht.«

Nicht aufgeben

Wenn es nur Vorteile bringt – sowohl geistliche wie auch menschliche –, wenn wir uns in Freundlichkeit üben, warum machen wir davon nicht öfter Gebrauch? Zumal mürrisch, unfreundlich und asozial zu sein, viel anstrengender ist, als unseren Mitmenschen mit einem fröhlichen »Hallo« zu begegnen und ein Gespräch mit ihnen zu beginnen oder es wenigstens zu versuchen. Ich selber werde allerdings schnell mutlos, wenn meine Freundlichkeit nicht erwidert wird. Ein schiefer Blick, eine gerümpfte Nase, und ich ziehe mich in Windeseile zurück, habe das Gefühl, mich ordentlich blamiert zu haben.

Die Geschichte von Jesus und der Heilung der zehn Aussätzigen hat mich eines Besseren belehrt. Jesus hat Gutes getan, Freundlichkeit und Liebe ausgesät – ungeachtet der Resonanz. Er heilte die ganze Mannschaft von Hilfe suchenden Aussätzigen. Nur einer von den zehn kam zurück, um sich zu bedanken. Jesus sprach ihm einen besonderen Segen zu. Trotzdem hatte er allen einen Dienst der Liebe erwiesen.

Obwohl es mich manchmal etwas kostet, übe ich mich darin, meinen Mitmenschen offen, herzlich und wohlwollend zu begegnen, ob sie positiv reagieren oder nicht. Ich erlaube mir nicht, mich zu fragen, ob es »etwas bringt« oder nicht. Wir lieben, weil wir geliebt wurden. Punkt. Und wenn mich die Mutlosigkeit überrollt, dann erinnere ich mich daran, wie beklemmend und abstoßend ich es finde, wenn ich mit unfreundlichen Christen zusammen bin. Im geistlichen Dienst gilt für mich das gleiche Prinzip, das ich meinen Schülern im Unterricht weitergeben will: Lieber etwas versuchen und scheitern, als es gar nicht erst zu versuchen.

Freundlichkeit ist zwar kein Ersatz für die Verkündigung des Wortes Gottes durch eine gute Predigt, aber die Wahrscheinlichkeit, dass jemand für diese Verkündigung offen ist, ist viel größer, wenn er von lächelnden, interessierten Menschen umgeben ist. Ich bin viel eher geneigt, aufmerksam zu lauschen, wenn jemand, der spricht oder singt, auch in persönlichen Begegnungen freundlich ist, und nicht nur dann, wenn er ein Publikum vor sich hat. Genauso wie ich viel eher in einem Laden etwas kaufe, in dem ich angelächelt werde, als dort, wo offensichtlich nur Dienst nach Vorschrift geleistet wird.

In diesem Sinne – ja, ein Christ muss ein netter Mensch sein! Die gleiche göttliche Freundlichkeit, die ihn zur Buße geführt hat, strahlt in seinem Gesicht und in seinem Umgang mit seinen Mitmenschen. Er bemüht sich, auch in den schweren Zeiten des Lebens wohlwollend und freundlich mit seinen Mitmenschen umzugehen. Auch wenn niemand zuschaut, auch und gerade dann, wenn es ihm selbst keine Vorteile bringt.

Wenn es einen Weg gibt, wie der Festsaal des Königs – die Kirche – voll wird, dann durch dienende Gäste wie jene, die die Einladung zum Fest mit einer unwiderstehlichen und strahlenden Dringlichkeit in die Welt tragen.

ZUM NACHDENKEN

Wie steht es mit meiner Freundlichkeit? Bemühe ich mich um diese geistliche Frucht in meinem Leben? Lasse ich den Herrn durch mich seine Freundlichkeit ausstrahlen? Was muss ich tun, um diese Frucht in meinem Alltag wachsen zu lassen?

6. GÜTE:
Streugut mit Wirksamkeit

Das sei ja gerade das Wesen der Gnade, dass die Rechnung im Voraus für alle Zeit beglichen ist. Auf die gezahlte Rechnung hin ist alles umsonst zu haben. Unendlich groß sind die aufgebrachten Kosten, unendlich groß daher auch die Möglichkeiten des Gebrauchs und der Verschwendung.[23]
Dietrich Bonhoeffer

Güte als Lebensstil

Sind Güte und Freundlichkeit nicht im Grunde genommen das Gleiche? Klar, an vielen Stellen überschneiden sich »die Früchte, die nach Gott schmecken«. Sie sind vielschichtig miteinander vernetzt. Deshalb ist es schwierig, sie in feste, klar voneinander abgegrenzte Rubriken aufzuteilen. Was Paulus in Galater 5,22-23 schildert, ist eine Vision mit verschiedenen Facetten, die er uns vor Augen malen und schmackhaft machen will: ein Gesamtbild des Charakters Christi, der in uns, seinen Nachfolgern, geformt werden soll.

Güte soll sich überall in unserem Alltag zeigen. Worte der Ermutigung, Liebestaten, groß oder klein, durch die wir als Christen tagtäglich auf die größere Liebe hindeuten, die uns treibt: die Liebe Gottes. Güte ist Salz und Licht: Die Welt soll schmecken und sehen, wie freundlich der Herr ist (Psalm 34,9; LUT); sie soll aufmerken, wenn Botschafter Gottes durch ihren Umgang mit ihren Mitmenschen zeigen, dass ganz andere Werte ihr Verhalten bestimmen als die Spielregeln dieser Welt. Früher, als unsere Gesellschaft noch christlicher geprägt war als jetzt, sprach man von guten Manieren.

Geht das alles aber nicht auch ohne Gott? Muss ich fromm sein, um ein genießbarer Mensch zu werden? Natürlich kann man auch ohne Gott Freundlichkeit und Güte praktizieren. Eine gute, bodenständige Erziehung, gepaart mit gesundem Menschenverstand, kann auch ohne die Bibel nette Menschen aus uns machen. Manche Leute haben einfach eine sonnige, liebliche Persönlichkeit. Ich kenne Nichtchristen, die »christlicher« leben und nettere Menschen, angenehmere Gesprächspartner sind als viele Christen! Aber – selbst wenn sie es selber nicht zugeben würden – auch sie profitieren von dem Wertesystem einer jüdisch-christlichen Gesellschaft, das seine Wurzeln in der Bibel hat.

Wie viel besser stehen unsere Chancen als Christen, die Güte Gottes auszustrahlen, wenn wir – beflügelt durch seinen Geist – in Jesu Fußstapfen laufen, motiviert von dem Verlangen, ihm zu dienen und als Dank für seine Güte zu uns diese Güte an andere weiterzugeben. Unsere Trumpfkarte ist die Kraft, die wir in Christus haben, um auch das Lieblose zu lieben.

Das Streben seiner Mitmenschen, auf eigene Faust gute Menschen zu sein, hat Jesus nie groß beeindruckt. Denken wir an den reichen jungen Mann, der meinte, alles richtig gemacht zu haben. Aber das Eigentliche – sein Leben ohne Wenn und Aber samt Besitz und Vermögen in die Hände Gottes zu legen – wollte er nicht begreifen. Auch das Gutmenschsein kann eine Art Egoismus sein.

Biblische Güte ist anders. Ich habe nichts in diese Welt gebracht, ich nehme nichts mit, alles dazwischen ist pure göttliche Gnade und reines Geschenk, unverdient. Ohne diese Grunderkenntnis sind unsere guten Taten nicht anders als die der Pharisäer, die Jesus so energisch verurteilte: Auswüchse von Selbstgerechtigkeit, die letztlich dem eigenen Ich dienen. Künstliche Tugendhaftigkeit, die nicht aus einem vollen Herzen fließt, sondern aus dem Bemühen, gut dazustehen.

Biblische Güte hat mit Egoismus nichts zu tun. Sie ist mein »Dankeschön« an Gott für seine Güte. Sie ist nicht selektiv, rechnet Vorteile und Nachteile nicht gegeneinander auf, sie kalkuliert nicht, was dabei für mich selbst herausspringen könnte. Sie begegnet Menschen auf Augenhöhe, nicht von oben herab. Sie macht mit jedem Gedanken in mir kurzen Prozess, der suggerieren könnte, dass ich besser sei als die anderen oder dass einer meiner Mitmenschen es nicht wert sei, von mir beachtet zu werden. Güte bedeutet: immer das Beste in einem Menschen zu suchen. Sie ist eine der Haupteigenschaften von Gott selbst. Er kann nicht anders, als gütig zu sein, es ist seine Natur:

- »Der Herr ist gerecht in allen seinen Wegen und gnädig in allen seinen Werken« (Psalm 145,17; LUT).
- »Der Herr ist gütig und eine Feste zur Zeit der Not und kennt, die auf ihn trauen« (Nahum 1,7; LUT).
- »Er liebt Gerechtigkeit und Recht; die Erde ist voll der Güte des Herrn« (Psalm 33,5; LUT).

Eine gütige Atmosphäre schaffen

Als ich mich zum ersten Mal eingehend mit der Geistesfrucht »Güte« beschäftigte, erkannte ich mit Beschämung, wie wenig von dieser Frucht in meinem Leben zu sehen ist. Ich setzte mir folgende erste Ziele: Sobald ich einen Raum betrete, in dem Menschen sich aufhalten, soll es um diese Menschen gehen, nicht um mich.

Sie sollen groß rauskommen, nicht ich. Ich will ihnen zeigen, wie wichtig sie sind, nicht, wie wichtig ich bin. Über die Fehler, Mängel und Pannen der anderen will ich großzügig hinwegschauen. Nicht gleich irritiert und gereizt sein, nicht aufbrausen. Ein Auge zudrücken, wenn andere etwas nicht sofort können, wenn sie mich mit ihrem Verhalten enttäuschen oder in Verlegenheit bringen. Humor bewahren. Streng mit mir selbst sein, nachsichtig mit anderen.

Im Alltag gibt es eine Menge Gelegenheiten, bei denen wir Güte einüben können: auf eine Bitte oder eine Frage freundlich antworten. Lieber einmal zu oft »Danke« oder »Bitte« sagen als einmal zu wenig. Sich innere Notizen machen über die Ereignisse im Leben anderer – mir merken, wann der Jugendliche seine Fahrprüfung macht oder wann die Nachbarin in Reha muss –, damit ich später nachfragen kann, wie es war. So kann ich meine Mitmenschen innerlich ein Stück begleiten, wenn sie es möchten.

Mein Vorhaben, eine gütige Grundhaltung zu lernen, mag beeindruckend klingen, aber ich bin immer noch weit von diesen Zielen entfernt, klar! Manchmal versage ich mehrmals an einem Tag und muss auch zu mir selber gütig sein. Oder ich übertreibe es und wirke zu aufdringlich in meinen Versuchen, eine Verbindung zu jemandem herzustellen. Aber allein der Versuch, gütig zu sein, ist lebensverändernd und heilsam. Vor allem für die Menschen, die es mit mir aushalten müssen.

Inwieweit diese Eigenschaft Gottes bereits in mir gewachsen ist, kann ich daran erkennen, wie es mit meiner Güte bestellt ist, wenn sie nicht erwidert wird: wenn ich jemanden liebevoll frage, wie es ihm geht, und eine schroffe Abfuhr bekomme. Wenn ich einen wertschätzenden Geburtstagsgruß an eine Bekannte schreibe und sie eine Woche später nur Kritik für mich übrig hat. Wenn ich mir Zeit nehme und Mühe mache, um der Freundin zu helfen, deren Kind krank ist, sie sich aber nur darüber beklagt, dass es nicht genug sei. Wenn alles, was ich mache, den anderen aus irgendeinem Grund nicht recht ist. Oder wenn mir jemand seine Unterstützung verspricht, mich aber in letzter Minute im Stich lässt und sich nicht einmal dafür entschuldigt.

Wenn ich in solchen Momenten auch noch müde und niedergeschlagen bin, steigen im Nu gemeine Gedanken in mir auf, wie:

- »Nie wieder frage ich dich, wie es dir geht – aber beklage dich ja nicht, dass ich dich vernachlässigen würde!«
- »Wenn du meine Mühe nicht zu schätzen weißt, dann war das der allerletzte nette Geburtstagsgruß von mir!«
- »Dann lasse ich es halt mit der Hilfeleistung! Warte nur ab, bis dein Kind mal wieder krank ist …«
- »Gut, dass ich jetzt ein für alle Mal Bescheid weiß, dass meine Hilfe nicht erwünscht ist!«
- »Wenn du so unzuverlässig bist, bitte ich dich nie wieder um Unterstützung. Beklag dich aber bloß nicht, dass ich dich nicht beachten würde – selber schuld!«

Wenn solche Gedanken keinen Raum mehr in meiner Seele finden, wenn es mir völlig ausreicht, Gottes Willen getan zu haben, und es mir nicht einmal einfällt, einen Dank dafür zu erwarten, dann habe ich ein bisschen verstanden, was Güte ist. Auch hier dürfen wir uns am Verhalten Jesu orientieren, das uns von Paulus wie folgt beschrieben wird: *»Er entäußerte sich und nahm Knechtsgestalt an, indem er den Menschen gleich geworden ist, und der Gestalt nach wie ein Mensch befunden, erniedrigte er sich selbst« (Philipper 2,7-8).*

Wenn ich versucht bin, ungnädig zu sein, erinnere ich mich daran, wie dankbar und erleichtert ich bin, wenn andere gnädig mit *mir* umgehen. Beispielsweise, wenn mir eine unpassende Bemerkung rausrutscht oder ich einen Termin vergesse oder jemanden mit dem falschen Namen anspreche oder aus Versehen »Du« sage, obwohl wir noch gar nicht per Du waren. Neulich habe ich das Ladekabel für meinen Laptop geschrottet, als ich in der Eile darübergestolpert bin. Wie oft hat mein lieber Ehemann mich ermahnt, mich langsamer und behutsamer zu bewegen und nicht wie eine Verrückte von einer Aktivität zur nächsten zu hetzen. Wie oft habe ich ihm versichert, dass ich vorsichtiger sein und besser auf das Kabel aufpassen will, wenn ich mit meinem Laptop unterwegs bin. Was für eine Erleichterung, als er nicht einmal die Augen verdrehte oder seufzte, sondern nüchtern und sachlich nach einem gebrauchten Ersatzkabel schaute.

Ein gütiger Mensch ist nicht nachtragend, er begegnet anderen in ihrer Fehlerhaftigkeit mit Wohlwollen und Gnade. In Matthäus 25,40 macht Jesus deutlich, dass wir all das Gute, das wir einem unserer Mitmenschen tun, auch ihm getan haben und dadurch seine Gunst in unser Leben hineinziehen, ob Menschen uns dafür danken oder nicht. In Sprüche 11,25 finden wir eine ähnliche Aussage: *»Wer gern wohltut, wird reichlich gesättigt, und wer andere tränkt, wird auch selbst getränkt.«*

Gastfreundschaft ohne Eigennutz

Am besten verstehe ich, was Güte ist, wenn ich sie im Leben biblischer Charaktere beobachte. Die legendäre und großzügige Gastfreundschaft des Patriarchen Abraham war vermutlich die Inspiration für die Aussage im Hebräerbrief: *»Die Gastfreundschaft vergesst nicht! Denn dadurch haben einige, ohne es zu wissen, Engel beherbergt« (Hebräer 13,2).* Abrahams erster Gast, sein Neffe Lot, hat allerdings nicht die geringste Ähnlichkeit mit einem Engel. Abraham teilt Haus und Habe mit ihm. Dass Lot es selber zu großem Reichtum bringt, hat er wohl hauptsächlich seinem Onkel zu verdanken. Er ist Nutznießer der Gnade, die Gott über Abrahams Leben ausschüttet.

Nach einiger Zeit kommt es zu Spannungen zwischen Team Abraham und Team Lot. Onkel und Neffe beschließen, sich zu trennen. Sie machen einen seltsamen Deal miteinander, bei dem die Vorteile sehr ungleich verteilt sind. Weil Abraham der Familienfriede wichtiger ist als die Anhäufung von Besitz, darf Lot sich aussuchen, in welcher Gegend er künftig wohnen möchte. Ohne mit der Wimper zu zucken, wirft Lot einen gierigen Blick auf die saftigen grünen Ebenen um Sodom und Gomorra herum – ideales Weideland für seine Herden. Seine Frau freut sich vermutlich über die Aussicht auf ein zivilisiertes Stadtleben, wo sie keine Sandkörner mehr aus jeder Tasse Tee herausfischen muss, endlich einen Blumengarten anlegen und sich mit anderen Frauen im Einkaufszentrum auf einen Kaffee verabreden kann. Seine Töchter freuen sich auf Discolichter, Partys und die jungen Männer der Großstadt.

In der Nähe von Sodom errichtet Lot also seine neue Zeltstadt. Nur provisorisch, wie sich herausstellt. Denn bald zieht er mit seiner Familie direkt in die Stadt Sodom hinein, baut sich ein Haus und lässt sich einbürgern. Die Töchter verloben sich mit Männern aus dem Ort. Abraham bleibt beim Eichenhain von Mamre in der Wüste zurück.

Ob Abraham seinen großzügigen Entschluss, Lot alle materiellen Vorteile zu überlassen, wohl manchmal bereut hat? Gab es Vorwürfe aus seinem eigenen Team: »Sag mal, Abraham, Großzügigkeit und Güte sind schön und gut, aber hast du gesehen, wie Lots Viehhirten den ganzen Tag zocken und chillen und trotzdem eine satte Kohle verdienen, weil ihre Herden sich selber ernähren können – und wir? Schleppen uns bei dieser Hitze von Hügel zu Hügel auf der Suche nach irgendetwas, was nach Grün aussieht, stürzen uns auf jeden noch so kleinen Grashalm, tragen dauernd schwere Krüge vom Brunnen zum Zelt … Hast du gehört, dass Lot mitten in seinem neu angelegten Hof sogar einen eigenen Brunnen hat?«?

Was für Gespräche damals gelaufen sind, wissen wir nicht. Abraham hätte jeden Grund gehabt, Lot gegenüber nachtragend zu sein. Seinen Reichtum, den wohl kalkulierten Umzug in die Stadt und das bequeme Leben dort verdankte er schließlich Abraham. Aber eines wissen wir: Auch Abraham hatte seinen Blick auf eine Stadt geworfen. *»Durch Glauben siedelte er sich im Land der Verheißung an wie in einem fremden und wohnte in Zelten mit Isaak und Jakob, den Miterben derselben Verheißung; denn er erwartete die Stadt, die Grundlagen hat, deren Baumeister und Schöpfer Gott ist« (Hebräer 11,9-10).* Das ist vermutlich der Grund, warum nicht die geringste Spur von Bitterkeit seinem undankbaren Neffen gegenüber sichtbar ist. Im Gegenteil. Als es in der Region zum Bürgerkrieg zwischen konkurrierenden Stammesfürsten kommt und Lot samt der Bevölkerung Sodoms verschleppt wird, lässt Abraham sofort seine Miliz ausrücken, um seinem Neffen aus der Patsche zu helfen und die Gefangenen zu befreien.

Die Ernsthaftigkeit von Abrahams Sorge um Lot zeigt sich auch kurze Zeit später, als Gesandte Gottes den Patriarchen aufsuchen, um ihm die baldige Geburt des seit Langem verheißenen Sohnes anzukündigen, ihn aber auch über das bevorstehende Gericht über die Städte Sodom und Gomorra aufzuklären. Diese letzte Nachricht versetzt Abraham einen tiefen Schock. Legendär ist sein Ringen mit Gott in Fürbitte um die Rettung der bedrohten Städte. Er ist außer sich vor Sorge um das Wohlbefinden seines Neffen. Höflich, ehrfürchtig, respektvoll und behutsam, aber mit einer bemerkenswerten Hartnäckigkeit feilscht er mit Gott um ein Abkommen, das barmherzig, aber gleichzeitig auch gerecht ist: *»Da sagte er: Der Herr möge doch nicht zürnen, ich will nur noch dieses Mal reden.*

Vielleicht werden dort zehn gefunden. Und er sprach: Ich will nicht vernichten wegen der zehn« (1. Mose 18,32). Leider werden die zehn Gerechten nicht gefunden. Lot wird samt Frau und Töchtern gerade noch rechtzeitig von den beiden Boten Gottes aus der dem Untergang geweihten Metropole herausgezerrt. Lots Frau bezahlt ihren Widerwillen, sich von den gewonnenen Sicherheiten zu verabschieden, mit dem Leben.

Ein gütiges Herz, das den gierigen Konkurrenten mit der Beute ziehen lässt, ein Herz, das es sich leisten kann, nicht an Besitz und an den Vergnügungen dieses Lebens festzuhalten und stattdessen vom Ende her zu denken: Darin ist uns Abraham ein großes Vorbild. Die Stadt, die Abraham sucht, deren Gründer und Baumeister Gott ist, ist doch die bessere Wahl. Abraham gibt, ohne eine Gegenleistung zu erwarten. Menschlich gesehen, hat ihm seine Sorge um Lot nur Mühe gebracht. Kosten ohne Gewinn. Nicht einmal ein Dankeschön bekommt er von seinem Neffen. Nach dem Untergang Sodoms könnte man erwarten, dass Lot wenigstens zu Abraham zurückzieht. Er ist mittellos und hat zwei alleinstehende und ebenso mittellose Töchter zu versorgen. Der Anlass für den Konflikt mit seinem Onkel hat sich inzwischen erübrigt. Allerdings müsste er nun um Hilfe bitten, zugeben, dass er Unrecht hatte. Das erlaubt ihm seine Eitelkeit nicht, er zieht lieber in eine kleinere Stadt, Zoar, und danach in eine Höhle in den Bergen.

Abraham, der Diener Gottes, erteilt den Reizen und Verlockungen der Weideländer Sodoms eine Absage, zieht dem Luxus der Großstadt ein temporäres Zuhause auf trockenem Wüstensand vor, bekommt aber eine bessere Belohnung: die Güte und die Segnungen Gottes. Hier zeigt sich wieder das Prinzip des Säens und Erntens. Die wichtigste Segnung ist die bevorstehende Geburt des Sohnes der Verheißung, Isaak. Die alte Prophetie wird wieder neu belebt und winkt aus der Ferne – ein Volk wie Sand am Meer, so zahlreich wie die Sterne am Himmel. Lot hinterlässt ebenfalls ein Vermächtnis: Enkelkinder aus einem inzestuösen Verhältnis mit seinen Töchtern, aus denen die Völker der Moabiter und Ammoniter hervorgehen, die sich in späteren Jahren alles andere als segensreich für das Volk Israel erweisen.

In der Erzählung, wie Abraham seinen Neffen Lot aus der Gefangenschaft befreit, sticht übrigens eine kleine Passage heraus, die Theologen seit Jahrhunderten Kopfschmerzen bereitet: *»Aber Melchisedek, der König von Salem, trug Brot und Wein heraus. Und er war ein Priester Gottes des Höchsten und segnete ihn und sprach: Gesegnet seist du, Abram, vom höchsten Gott, der Himmel und Erde geschaffen hat; und gelobt sei Gott der Höchste, der deine Feinde in deine Hand gegeben hat« (1. Mose 14,18-20; LUT).*

Über die wahre Identität dieses Melchisedek gehen die Meinungen der Bibelforscher auseinander. Wenn es für uns wichtig wäre, mehr über ihn zu wissen, hätte die Bibel es uns sicher verraten. Aber der knappen Beschreibung seiner Person können wir immerhin einige Andeutungen entnehmen: ein Priester und gleichzeitig ein König, ein hochrangiger Bote und Diener Gottes, der Brot und Wein in der Hand hält und Segen austeilt. Seinen Regierungssitz hat er in Salem, der Stätte des Friedens, dem Standort der späteren Stadt Jerusalem. Jedes einzelne dieser Details erinnert an die Sprache der Heilsgeschichte, lässt daran denken, dass messianische Klänge schon sehr früh in der biblischen Geschichte hörbar sind.

War Melchisedek ein Vorbote des Messias? Etwa der Christus selbst? Manchmal redet die Bibel glasklar von Tatsachen, manchmal flüstert sie nur leise Andeutungen. Das Auftauchen von Melchisedek ist solch ein Flüstern. Zwar weiß ich nicht wirklich, was das alles zu bedeuten hat, aber irgendwie wird es mir warm ums Herz, wenn ich diesen Abschnitt lese. Ich wäre gerne dabei gewesen und bin ein wenig neidisch auf Abraham, dass er von so einem Mann auf so bewegende Weise gesegnet wurde.

Wenn andere keine Güte zeigen

Auch wenn ich nicht Zeugin von Abrahams eindrücklichen Begegnungen mit Engeln und mit dem Priester Salems sein durfte, kann ich viel von seinem Verhalten lernen. Seitdem ich Bücher schreibe und einen Podcast mache, bin ich vielerorts unterwegs und lerne eine Menge interessante Menschen kennen. Einige von ihnen sind inzwischen regelmäßige Korrespondenten, Vorbilder im Glauben und gute Freunde geworden. Ich darf mich an riesigen Portionen feinster christlicher (und auch nicht christlicher) Güte erfreuen. Aber ich muss auch lernen, Kritik und Gegenwind einzustecken. »It comes with the territory«, wie die Engländer sagen. Es gehört einfach zu jeder Art von öffentlichem Dienst dazu. Das ist zu erwarten. Und die Art, wie die Kritik geäußert wird, ist auch nicht immer von Güte gekennzeichnet.

Einmal hielt ich in einer christlichen Veranstaltung eine normale, unspektakuläre Bibelarbeit und dachte mir nicht viel dabei. Es war am Ende eines langen Tages, ich kippte fast um vor Müdigkeit und wollte nur eines: mich aus dem Staub machen und nach Hause fahren. Da kam eine junge, redegewandte Dame auf mich zu. »Ich will Ihnen ein bisschen Feedback geben«, sagte sie, »falls es für Sie hilfreich sein könnte.«

Mein Herz sank. Ihrem Blick entnahm ich, dass es nicht die Art Feedback war, die eine müde Seele beleben würde. War es auch nicht. Sie legte los, und zwar mit einer Vehemenz, die keinen Widerspruch duldete. Es ging ihr um ein Thema, das in meinem Vortrag gar nicht vorgekommen war, aber sie wollte meine Zustimmung zu ihrer Sicht der Dinge haben. Sie war eine jener Toleranzverfechterinnen, die selber wenig Toleranz zeigen. Als ich ihr nicht beipflichten konnte, blieb sie hartnäckig und wollte das Gespräch trotzdem nicht beenden.

Was ist Güte, wenn mein Gegenüber alles andere als gütig ist? Ich habe für mich ein paar Leitlinien festgelegt, an denen ich mich orientieren will, was mir aber leider nicht immer gelingt:

- ruhig bleiben, den anderen ausreden lassen
- in meinem Ton und im Umgang mit meinem Gegenüber Verständnis und Geduld zeigen
- bestimmt und freundlich bei meinem Standpunkt bleiben
- liebevoll vermitteln, dass jeder ein Recht auf seine Meinung hat, sogar ich
- mir bewusst sein, dass keiner das Recht hat, mich zu drangsalieren, bis ich seiner Meinung zustimme
- versuchen, die Situation zu deeskalieren und mich versöhnt und freundlich zu verabschieden, unabhängig davon, wie aufgebracht der Gegner war

Manchmal bringen auch Humor und Leichtigkeit Entspannung in die Situation. Einen diskutierenden Hardliner, der sich für Toleranz und Vielfalt stark machen wollte, habe ich lachend gefragt, ob meine Sicht der Dinge auch Raum in seiner Vielfalt hat. Daraufhin haben wir das Gespräch in Frieden beendet.

Bei Zufallsbegegnungen mit streitfreudigen Menschen gütig zu bleiben, ist kein großer Kraftakt. Nicht immer, zumindest. Denn die meisten von ihnen sehe ich vermutlich nie wieder. Schwieriger ist es in Beziehungen, denen ich nicht entfliehen kann, bei den Menschen, mit denen ich im Alltag klarkommen muss – in der Familie, bei der Arbeit, in der Gemeinde. In diesen festen Beziehungsnetzen, die unsere Geduld manchmal bis zum Anschlag strapazieren, befindet sich der effektivste Übungsplatz für das Aufblühen von Güte in unserem Leben.

Diese schwierigen Mitmenschen ...

Bedeutet Güte also, dass wir gechillt durchs Leben gehen und immer ein Auge zudrücken, egal, was andere Menschen anstellen? Natürlich nicht. Wie »unfreundlich« Jesus manchmal gewirkt haben mag, haben wir in Lukas 13 schon festgestellt, wo er die Pharisäer zurechtwies, weil ihnen reine Formsachen wichtiger waren als das Wohlergehen einer schwer geplagten Frau.

Göttliche Güte hat mit moralischer Trägheit nichts gemeinsam, sie ist eine aktive Kraft, die vor notwendigen Konfrontationen nicht zurückschreckt. Wir müssen Stoppschilder aufstellen, wenn unsere Milde ausgenützt oder missbraucht wird. Denn Güte bedeutet nicht einen Verzicht auf Wahrheit und klare Prinzipien. Kräftig auf den Tisch zu hauen, wenn ein Narzisst Schaden anrichtet, ist manchmal das Freundlichste, was man tun kann. Falsche Nachsicht gegenüber dem Täter bedeutet oft Ungerechtigkeit für dessen Opfer. Auch einem Täter tun wir keinen Gefallen, wenn wir ihn mit seinem Fehlverhalten davonkommen lassen.

Paulus bringt es in seinem Brief an die Christen in Rom auf den Punkt: *»Sieh nun die Güte und die Strenge Gottes: gegen die, welche gefallen sind, Strenge; gegen dich aber Güte Gottes, wenn du an der Güte bleibst; sonst wirst auch du herausgeschnitten werden« (Römer 11,22).*

Meine Schwiegertochter Johanna hat einmal folgende Gedanken über die Güte Gottes geschrieben: »Trotz seiner Güte kann Gott auch zornig werden. Oder vielmehr, sein Zorn ist untrennbar von seiner Güte. Er ist nämlich auch heilig und gerecht. Seine Toleranz hört dort auf, wo Menschen sich gegenseitig mit Härte und Lieblosigkeit begegnen. Der Pharisäer Simon bekommt von Jesus ernste Worte zu hören, als er abschätzig mit einer verzweifelten Frau umgeht, die ungeladen in seine Dinnerparty eindringt. Und die Pharisäer überhaupt: Jesus geht nicht zimperlich mit ihnen um, er liest ihnen ganz schön die Leviten, redet Klartext mit ihnen.

Warum hier keine Güte? Weil es in der Verantwortung dieser geistlichen Leiter stand, für das Wohl der ihnen anvertrauten Menschen zu sorgen, und sie haben genau das Gegenteil getan. Sie forderten Gnade für sich ein, gaben sie aber nicht an andere weiter. Das funktioniert natürlich gar nicht. Auch im Alten Testament geht Gott mit Menschen heftig ins Gericht, die Werkzeuge seiner Güte für andere sein sollen, aber diese Menschen missbrauchen, um sich selbst zu bereichern (die bösen Hirten in Hesekiel 34). Güte und Strenge gehen oft Hand in Hand, sie stehen nicht im Gegensatz zueinander. Eltern wissen, dass ein strenges und eindeutiges ›Nein, so nicht!‹ ein Akt der Güte sein kann.«[24]

Die Pflicht zu vergeben

So viel ist klar: Göttliche Güte bedeutet nicht die Aufhebung aller Richtlinien, die ein zivilisiertes Miteinander in menschlichen Gemeinschaften möglich machen. Jeder soll sich an gewisse Regeln halten, sonst muss er die Konsequenzen tragen. Deshalb hat ein Rechtsstaat eine Justiz und eine Polizei. Deshalb gibt es Geldstrafen, wenn man eine Ordnungswidrigkeit begangen hat, Gefängnisse für Gewalttäter, Strafmaßnahmen für Betrüger. Es ist im Sinne Gottes, dass ein Staat sich für den Schutz seiner Bevölkerung einsetzt: *»Willst du dich aber vor der staatlichen Macht nicht fürchten, so tue* *das Gute, und du wirst Lob von ihr haben; denn sie ist Gottes Dienerin, dir zum Guten. Wenn du aber das Böse tust, so fürchte dich! Denn sie trägt das Schwert nicht umsonst, denn sie ist Gottes Dienerin, eine Rächerin zur Strafe für den, der Böses tut« (Römer 13,3-4).*

Aber für den Nachfolger Jesu gilt parallel dazu noch ein weiteres Gesetz. Darin wird nicht etwa das Prinzip der Vergeltung aufgehoben, sondern Gott macht die Durchsetzung unseres Rechts zur Chefsache. *»Rächt euch nicht selbst, Geliebte, sondern gebt Raum dem Zorn Gottes! Denn es steht geschrieben: ›Mein ist die Rache; ich will vergelten, spricht der Herr‹« (Römer 12,19).*

Mit großem Nachdruck betont das Wort Gottes immer wieder, dass wir als Diener Gottes keine aktive Vergeltung üben dürfen, wenn uns unrecht getan wird. Dass wir Leid und Verfolgung mit seiner Hilfe ertragen können und dass die göttliche Güte, die in unserem Herzen regiert, in allen Enttäuschungen und Verletzungen, die wir erleiden, das letzte Wort haben muss. Vergebung ist alternativlos. Die Güte Gottes, die uns zur Buße geführt hat, müssen wir an andere weitergeben. Mir hilft es immer wieder, mich daran zu erinnern, wie gravierend meine eigene Schuld war, wie viel Güte Gott mir erwiesen hat. Ich will nicht so sein wie der Mitarbeiter des Königs im Gleichnis Jesu, der den Erlass seiner Schulden gerne in Anspruch nahm, seinen eigenen Schuldnern aber nicht vergeben wollte.

Unsere geistliche Hygiene hängt davon ab, inwieweit wir diese Erkenntnis in unserem Leben umsetzen: *»Denn wenn ihr den Menschen ihre Vergehungen vergebt, so wird euer himmlischer Vater auch euch vergeben; wenn ihr aber den Menschen nicht vergebt, so wird euer Vater eure Vergehungen auch nicht vergeben« (Matthäus 6,14-15).*

Es kommt noch härter

»Dann trat Petrus zu ihm und sprach: Herr, wie oft soll ich meinem Bruder, der gegen mich sündigt, vergeben? Bis siebenmal? Jesus spricht zu ihm: Ich sage dir: Nicht bis siebenmal, sondern bis siebzigmal siebenmal!« (Matthäus 18,21-22).

Das ist schön und gut, wenn jemand meinen Kugelschreiber ausgeliehen und nicht zurückgebracht hat oder die Verabredung vergessen hat oder unpünktlich zum Mitarbeitertreffen gekommen ist. Kann mir auch passieren. Aber die schwerwiegenden Vergehen? Wie sieht es da mit der Güte Gottes aus? Wenn die Tochter sich spätabends zu einer wilden Autofahrt überreden ließ und nicht wieder nach Hause kam, weil der Fahrer das Auto mit 200 km/h gegen einen Baum fuhr und als Einziger überlebte? Sollen die Eltern dieses Mädchens tatsächlich vergeben?

»Vergib uns unsere Schulden, wie auch wir unseren Schuldnern vergeben haben« (Matthäus 6,12). Wie bitte? Die Frau, deren Partner sie mit einem behinderten Kind und ohne Unterhalt sitzen ließ, weil er sich in eine andere verliebt hat? Die Eltern der Babys, die in Großbritannien von einer Krankenschwester ermordet wurden?[25] Wie soll das nur gehen? Siebzigmal siebenmal vergeben? Rein mathematisch bin ich da voll überfordert. Auf jeden Fall ist das eine sehr hohe Zahl, wohl Jesu Art zu sagen: »Immer.«

Ein steiler Anspruch. Kein Raum für Diskussionen oder Fifty-fifty-Deals bei diesem Thema. Die Bilder, die mir nun durch den Kopf schießen, werden immer grauenvoller. Jemand schlägt auf mich ein, und ich muss auch noch die andere Backe hinhalten. Der Gewalttätige prügelt weiter auf mich ein. Und wieder muss ich vergeben. Und noch mal und noch mal. Da könnte also jeder kommen, mit mir anstellen, was er will, mich ausplündern, zertreten, zusammenschlagen – und ich muss nett sein und ihn sogar einladen, es noch mal zu machen? Siebzigmal siebenmal?

Offenbar gibt es keine Ausnahme für besonders schlimme Verbrechen, kein Kleingedrucktes für die Tage, an denen die Menschen besonders gemein zu mir sind. Ich muss vergeben. Die Qualität von Güte, die sich in Vergebung ausdrückt, muss zu einem Automatismus werden. Wenn ich nicht gnädig zu anderen bin, kann Gott nicht zu mir gnädig sein. Starker Tobak. Aber was bedeutet das genau in der Praxis?

Gerade solche Zerreißproben hat Jesus mit großem Geschick gemeistert. In seinem Umgang mit toxischen Beziehungen finden wir Differenzierungen, die auch für uns hilfreich sind. Er hat seine Beziehungen sehr unterschiedlich gehandhabt. Auf der einen Seite finden wir bei ihm nicht das leiseste Anzeichen von Bitterkeit, kein Bedürfnis, es seinen Gegnern in irgendeiner Weise heimzuzahlen. Aber er hat sich ihnen auch nie angebiedert. Er fordert uns in Lukas 6,29 sehr wohl auf: *»Dem, der dich auf die Backe schlägt, biete auch die andere dar; und dem, der dir den Mantel nimmt, verweigere auch das Untergewand nicht!«* An anderer Stelle ermahnt er uns jedoch: *»Werft auch nicht eure Perlen vor die Schweine, damit sie diese nicht etwa mit ihren Füßen zertreten und sich umwenden und euch zerreißen!« (Matthäus 7,6).*

Müssen wir für jeden Angreifer als Freiwild herhalten? Nein, natürlich ist das nicht das, was Jesus unter »Güte« versteht. Güte stellt ungebremster Sünde keinen Freibrief aus. Sie ist keine Aufforderung, mich nicht zu wehren, keine Stellung zu beziehen, auf jedes Stoppschild zu verzichten, wenn meine Mitmenschen übergriffig werden. Sie beinhaltet keine hilflose Abhängigkeit von Narzissten, die mir nur schaden wollen. Jesus fordert uns auch nicht auf, fremde Schuld um des lieben Friedens willen unter den

Teppich zu kehren. Als seine Feinde ihn töten wollen, klinkt er sich geschickt aus dieser gefährlichen Situationen aus (Matthäus 12,14-15). Hier wird keine Backe hingehalten. Das hat auch König David nicht getan, als er vor Saul und später vor Absalom floh, um sein Leben zu retten.

Jesus will auf etwas anderes hinaus. Unabhängig davon, was mir angetan wird, muss meine innere Haltung frei von Groll sein. Absolute Vergebung muss mein Ziel sein und bleiben. Ich muss die Strafe meines Gegners meinem himmlischen Anwalt anvertrauen. Aber den Fängen meines Gegners entkommen, das darf und soll ich.

Ich kann mich räumlich von meinen Feinden distanzieren, Abstand wahren, mich und die mir Anvertrauten schützen und trotzdem gütig sein, für meine Feinde beten und, ja, sie sogar segnen, um Gnade für sie bitten, siebenmal siebzigmal oder, wenn nötig, noch öfter. *»Vater, vergib ihnen; denn sie wissen nicht, was sie tun!« (Lukas 23,34; LUT)*, betete der, der das Opfer unvorstellbarer Grausamkeiten und Demütigungen war. Jesus hat nicht nur die andere Wange hingehalten, sondern viel mehr: *»Ich bot meinen Rücken den Schlagenden und meine Wangen den Raufenden, mein Angesicht verbarg ich nicht vor Schmähungen und Speichel« (Jesaja 50,6).* All das hat er auf sich genommen, damit ich, die Schuldige, frei von Bitterkeit leben kann, um die Güte, die ich von ihm empfangen habe, an andere weiterzugeben.

Güte hat also nichts damit zu tun, dass wir uns tatenlos zerstörerischen Kräften ausliefern. Auch nicht damit, dass wir die Menschen mögen müssen, die uns wehtun. *»Wenn möglich, soviel an euch ist, lebt mit allen Menschen in Frieden!«*, mahnt Paulus (Römer 12,18). Hier schwingt bereits der Vorbehalt mit, dass dieser Friede nicht immer möglich sein wird, dass meine gütige Haltung nicht jedes Herz zur Einsicht bringen kann. Ich soll nach einer grundsätzlich bejahenden, gütigen Haltung gegenüber allen Menschen streben, mit denen ich zu tun habe, ob ich sie sympathisch finde oder nicht, ob sie mir wohlwollend gegenüberstehen oder nicht.

Markus berichtet in seinem Evangelium von einem praktischen Tipp, den Jesus dazu gegeben hat: »*Und wenn ihr steht und betet, so vergebt, wenn ihr etwas gegen jemand habt, damit auch euer Vater, der in den Himmeln ist, euch eure Übertretungen vergibt« (Markus 11,25-26).* Das ist so etwas wie der TÜV für die Seele. Klar – mit einem Herzen voller emotionaler Säure kann Gott wenig anfangen, geschweige denn mich segnen.

Auffällig in all diesen Aufforderungen ist, dass sie nicht an unsere Gefühle gerichtet sind. Sie klingen eher so, als müssten wir nüchterne Entschlüsse treffen, bewusste Handlungen vornehmen. Es geht um etwas, was einfach gemacht werden muss, wie das Abspülen nach dem Essen, wie das Badputzen. Nicht immer angenehm. Selten habe ich dazu Lust, aber was sein muss, muss sein. Klingt vielleicht banal – wie eine Trockenübung, anfänglich zumindest, ein Gehorsamsschritt, weil Jesus dies offensichtlich für lebenswichtig für meine Seele sieht und ich ihm gehorchen möchte. Und weil meine Seele Besseres zu tun hat, als in Bitterkeit und Selbstsüchtigkeit zu verkümmern.

Güte von David lernen

David hatte viele Feinde. Der Mann, der ständig auf der Suche nach Menschen war, für die er ein Segen sein konnte, denen er Güte zeigen konnte, hatte zeitweise ganz ordentlich mit Hassgefühlen zu kämpfen. Sein Leben war mit Feindschaften gespickt. Es waren nicht nur die üblichen Feinde des Volkes Israel, die ihn aus keinem anderen Grund hassten, als dass er dem Gott Israels diente. Sondern es waren auch ehemalige Weggefährten und Freunde, ehemalige Mitstreiter, sogar Familienmitglieder, die sich von der Beziehung zu ihm Vorteile erhofft hatten, enttäuscht wurden und nun fieberhaft seinen Untergang anstrebten. Letzteres waren für David die schlimmsten Traumata.

Doch er traf immer wieder die bewusste Entscheidung, auf den Herrn zu vertrauen. Ob er sich dabei super fühlte? Wohl eher nicht. Es ist aber auch nicht relevant, und gerade das ist das Befreiende an der Güte, die wir von Gott lernen dürfen. Gottes Wahrheit und sein Urteil sollen über allem anderen stehen und das letzte Wort haben. Die Güte, die in einem Akt der Vergebung zum Ausdruck kommt, ist der ultimative Vertrauensbeweis Gott gegenüber.

- »Sie sind Feinde für mich. Erforsche mich, Gott, und erkenne mein Herz. Prüfe mich und erkenne meine Gedanken! Und sieh, ob ein Weg der Mühsal bei mir ist« (Psalm 139,22-24).
- »Ich aber bin elend, und mir ist wehe; deine Rettung, Gott, schütze mich. Loben will ich den Namen Gottes im Lied und ihn erhöhen mit Dank« (Psalm 69,30-31).
- »Ich will den Herrn sehr preisen mit meinem Mund, und inmitten vieler werde ich ihn loben. Denn er steht zur Rechten des Armen, um ihn von denen zu retten, die seine Seele richteten« (Psalm 109,30-31).

Oftmals sind die entscheidenden Worte »Ich will«. David lässt seine aufgewühlten Gefühle durch einen bewussten Akt des Vertrauens von Gott beherrschen und verwandelt seine Klage immer wieder in ein Dankgebet.

Auch wenn meine Versuche, gütig und vergebend zu sein, nicht erwidert werden, muss ich trotzdem vergeben. Bitterkeit schadet mir selbst viel mehr als der Person, gegen die ich bitter bin. Deshalb sollen Groll oder Bitterkeit nicht einmal ansatzweise in meinem

Herzen oder in meiner Beziehungswelt Raum finden: *»Achtet darauf, dass nicht jemand an der Gnade Gottes Mangel leidet, dass nicht irgendeine Wurzel der Bitterkeit aufsprosst und euch zur Last wird und durch sie viele verunreinigt werden« (Hebräer 12,15).*

Von Jesus selber können wir lernen, dass es möglich ist, emotional Abstand zu wahren und das eigene Herz zu schützen, aber trotzdem bejahend und wohlwollend mit Menschen umzugehen und jegliche Strafe Gott zu überlassen. Mir hilft es, bewusst Gutes über Menschen zu denken, die mir gegenüber kalt und abweisend sind. Viel lieber würde ich nach Bestätigung für mein negatives Bild von ihnen suchen. Aber stattdessen versuche ich, großmütig über sie zu denken, die Dinge aus ihrer Sicht zu sehen, ihnen das Recht einzuräumen, mich nicht zu mögen. Ich möchte aus der Ferne bedingungslos vergeben, ohne mich selbst in Gefahr zu bringen, wieder verletzt zu werden. Wenn Rache nötig ist, sie Gott überlassen.

Denn dazu fordert uns die Bibel auf: *»Aber euch, die ihr hört, sage ich: Liebt eure Feinde; tut wohl denen, die euch hassen; segnet, die euch fluchen; betet für die, die euch beleidigen!« (Lukas 6,27-28). »Seid aber zueinander gütig, mitleidig, und vergebt einander, so wie auch Gott in Christus euch vergeben hat!« (Epheser 4,32).*

Die entscheidende Reihenfolge

»Habt acht auf euch selbst: Wenn dein Bruder sündigt, so weise ihn zurecht, und wenn er es bereut, so vergib ihm! Und wenn er siebenmal am Tag an dir sündigt und siebenmal zu dir umkehrt und spricht: Ich bereue es; so sollst du ihm vergeben« (Lukas 17,3-4).

Hier sind Jesu Anweisungen sehr praktisch. Zuerst soll ich mich mit dem Balken in meinem eigenen Auge befassen, bevor ich das Recht habe, meinen Bruder zurechtzuweisen (Matthäus

7,3-5). Aber ich soll fremde Schuld auch nicht verharmlosen oder ignorieren, sondern sie liebevoll aufzeigen: »Du, der Kommentar war verletzend – wie hast du das gemeint?« »Du hast dich vom Putzdienst abgemeldet, aber nicht für Ersatz gesorgt. Der Rest von uns hatte dadurch mehr Arbeit – findest du das nicht ein bisschen unfair?« »Deine Schilderung der Situation war nicht ganz ehrlich. Du hast versucht, dich als Opfer hinzustellen, aber eigentlich hast du das Problem selber verursacht.« Auch solche Hinweise sind ein Liebesbeweis.

Wie schön, wenn der Angesprochene sich sofort entschuldigt: »O hoppla, danke für den Hinweis, mir war nicht bewusst, dass ich nicht ehrlich war. Es tut mir leid.« Oder: »Ja, ich hätte einen Ersatz für den Putzdienst finden sollen und habe euch stattdessen Arbeit gemacht. Wie kann ich das wiedergutmachen?« Glücklich die Familie, die Firma oder die Gemeinde, in der so ein Umgang miteinander gepflegt wird. In der mit Missverständnissen kurzen Prozess gemacht wird, keine gekränkten Eitelkeiten gepflegt werden und sich niemand auf den Schlips getreten fühlt, wenn er zurechtgewiesen wird. *»Bekennt nun einander die Sünden und betet füreinander, damit ihr geheilt werdet! Viel vermag eines Gerechten Gebet in seiner Wirkung« (Jakobus 5,16).*

Kann ich Güte lernen?

Wie können wir in unserer Gesellschaft und in unseren Gemeinden mehr Güte gedeihen lassen? Vielleicht hilft folgender kleiner »Check-up«:

- Bevor du verärgert über jemanden herziehst, frage dich, ob du dir selbst gegenüber genauso kritisch bist. Ob du in derselben Weise über dich selber lästern würdest. Redest du gerne darüber, wie andere dich verletzt haben? Redest du genauso gerne darüber, wie du andere verletzt hast? »*So wendet allen Fleiß daran und erweist in eurem Glauben Tugend und in der Tugend Erkenntnis und in der Erkenntnis Mäßigkeit und in der Mäßigkeit Geduld und in der Geduld Frömmigkeit und in der Frömmigkeit Brüderlichkeit und in der Brüderlichkeit die Liebe*« *(2. Petrus 1,5-7; LUT).*

- Wenn jemand deine Geduld strapaziert, frage dich – bevor du reagierst –, wie du in seiner Situation behandelt werden möchtest, und dann verhalte dich entsprechend!
- Manchmal führt kein Weg daran vorbei: Du musst andere zurechtweisen. Machst du es in Liebe, in der Absicht, der Person zu helfen? »*Seid barmherzig, wie auch euer Vater barmherzig ist!*« *(Lukas 6,36).*

Lieben wir unsere Feinde? Gehen wir schonend mit ihnen um? Gilt unsere Güte auch denen, die diese Güte nicht zu schätzen wissen? Oder führen wir Buch über die Fehler der anderen?

Unsere Kraft in all diesen Bestrebungen ist und bleibt die Güte des Herrn, die auch für uns kein Ende hat – die Gnade, die jeden Tag neu ist. Aus dieser Fülle von Güte und Gnade dürfen wir unseren Mitmenschen Gutes tun!

Gedenke, Herr, an deine Barmherzigkeit
und an deine Güte, die von Ewigkeit her gewesen sind.
Gedenke nicht der Sünden meiner Jugend
und meiner Übertretungen,
gedenke aber meiner nach deiner Barmherzigkeit, Herr,
um deiner Güte willen!
Psalm 25,6-7; LUT

ZUM NACHDENKEN

Welche kleine Schritte könnte ich mir vornehmen, um meine Mitmenschen mit der gleichen Güte zu behandeln, die ich mir von ihnen erhoffe?

7. TREUE:
Gerne eingefordert, ungern geschenkt

Ist *meine* Wahrheit das, was zählt?

»Wir müssen uns selber treu sein«, so lautete das Mantra des jüngeren Sohnes des britischen Thronerben (inzwischen König Charles III.), als er sich, zusammen mit seiner amerikanischen Frau Meghan, von der britischen königlichen Familie absetzte und sein Glück in der glamourösen Traumfabrik Kaliforniens suchte. Dort kam Meghan ursprünglich her. Dort hatte sie als junges Mädchen von einer glanzvollen Karriere als weltberühmte Schauspielerin geträumt.

Nun stand alles Schlange, was in der High Society dieser Welt Rang und Name hatte, um die Gunst der abtrünnigen Royals zu gewinnen und mithilfe ihres Status satte Umsätze zu machen. Spotify, Netflix, eine Beratungsfirma, die sich auf die psychische Gesundheit von Angestellten spezialisiert hatte: das waren nur einige, die ihre Marke gerne mit einem königlichen Wappen und dem Adelstitel »Duke and Duchess« schmücken wollten. Der Prinz wurde für seinen Mut bewundert, aus einer tausend Jahre alten Institution auszubrechen und eigene Wege zu gehen, einem der altehrwürdigsten Clans der Welt die Stirn zu bieten und buchstäblich zu neuen Ufern zu segeln. Viele wünschten dem Paar und ihrem kleinen Sohn gutes Gelingen bei diesem beispiellosen Abenteuer, und die meisten hatten Verständnis dafür, dass das steife Protokoll eines Lebens im goldenen Käfig nicht jedermanns Sache ist.

Als die Flitterwochen der neu gewonnenen Freiheit vorbei waren, stellte sich jedoch heraus, wovor hellere Köpfe von Anfang an gewarnt hatten: Weder Harry noch Meghan hatten irgendwelche Kompetenzen, mit denen sie die Millionen von Dollar an Land ziehen konnten, die sie für ihren gewohnten üppigen Lebensstil brauchten. Das einzige Potenzial, das sie möglichen Kunden zu bieten hatten, waren die saftigen Leckerbissen an Insider-Informationen, die sie hinter den Palastmauern der Windsors gesammelt hatten. In einem Interview mit Talkshow-Moderatorin Oprah Winfrey im März 2021 ließen sie vor einem neugierigen globalen Publikum eine Horrorstory nach der anderen vom Stapel. Am schauerlichsten sei der angeblich haarsträubende Rassismus der britischen Königsfamilie (und der Briten überhaupt) gewesen, was sich an der Behandlung der frisch vermählten Meghan gezeigt habe, deren Mutter zur Hälfte afrikanischer Herkunft ist. Sie seien regelrecht aus der Familie und aus dem Land hinausgemobbt worden, behauptete das Paar mit Tränen in den Augen.

Die ganze Welt schlug in ungläubiger Empörung die Hände zusammen. Feinde der Monarchie riefen unisono und schadenfreudig: »Das haben wir schon immer gesagt – schafft sie endlich ab!« Seriöse Journalisten und Kenner der adligen Szene wiesen jedoch bald darauf hin, dass fast alles, was insbesondere Meghan vor laufender Kamera erzählt hatte, frei erfunden gewesen sei. Die Briten hätten sie mit offenen Armen empfangen. Daran erinnerten sich alle, die wie gebannt vor dem Bildschirm gesessen hatten, als der beliebte Prinz Harry mit einer prachtvollen Hochzeit in Schloss Windsor sein Liebesglück gefeiert hatte.

Dass jemand aus der renommierten Familie in die Runde gefragt habe, welche Hautfarbe das neue Baby haben würde – das sei doch kein Rassismus, wandten viele ethnisch gemischte Paare ein, die sich vor der Geburt ihrer Kinder die gleiche Frage gestellt hatten. Dass der kleine Archie aufgrund seiner Herkunft nie den Titel eines Prinzen erhalten würde, wie Meghan behauptete, stimmte einfach nicht. Rufe von »Verrat« und »Untreue« mehrten sich. Unterstützer des Prinzenpaares verteidigten die beiden: Das sei doch keine Untreue, sie hätten keine Lügen erzählt, sie hätten nur *ihre* Wahrheit gesagt und seien »sich selber treu gewesen«, das sei die Hauptsache im Leben. Die Gesellschaft spaltete sich in Harry-und-Meghan-Fans und Harry-und-Meghan-Feinde.

»*Never explain, never complain*« (Keine Erklärungen, keine Klagen) lautet seit Jahrhunderten die Devise der britischen Royals. »Auch dieser Sturm wird vorbeiziehen«, muss die Queen immer wieder trocken bemerkt haben, wenn schon wieder ein Skandal die prominente Familie erschütterte – zur Freude unzähliger Klatschblätter weltweit. Die gottesfürchtige Monarchin hatte zur Zeit von Harrys Rückzug aus der Familie noch ganz andere Sorgen. Ihr Ehemann, Prinz Philipp, treuer Begleiter in fast siebzig Jahren Ehe, lag im Sterben. Sie selber war in ihrem hohen Alter von den schmerzhaften Begleiterscheinungen einer fortschreitenden Knochenkrebserkrankung geplagt. Außerdem sorgte sie sich um den Übergang zum nächsten Monarchen und die Nachhaltigkeit ihres eigenen Vermächtnisses.

Aufmerksamen Verfolgern dieser Geschichte drängt sich eine Frage auf. Harry und Meghan hätten also das Recht, so hieß es unter ihren Fans, »sich selber treu zu sein«, *ihre* Wahrheit zu verkünden. Sie seien Kinder ihrer Zeit: Was man fühlt, ist gerade die Wahrheit. Aber wie stand es mit der Wahrheit der anderen Betroffenen, mit *ihrem* Recht darauf, sich selber treu zu sein; was war mit ihrem Ruf, der durch die Behauptungen von Harry und Meghan in den Dreck gezogen wurde? Durften die beiden tatsächlich »sich selber treu sein« und ihre Seite der Geschichte erzählen, ohne dass anderen Betroffenen genau das gleiche Recht zugestanden wurde? Was ist denn Treue überhaupt? Wem soll ich treu sein? Wie genau sieht Treue aus?

Eine Definition

Gängige Definitionen von Treue verwenden Wörter wie Festigkeit, Vertrauenswürdigkeit, Verlässlichkeit, gegenseitiges Vertrauen, Loyalität. Es gibt sie also doch – eine objektive Messlatte außerhalb der eigenen Wahrnehmung, an der ich beurteilen kann, ob ich ein treuer Mensch bin oder nicht.

Ein Merkmal unserer modernen Zeit ist die schleichende Eliminierung aller objektiven Wahrheiten, Maßstäbe und Werte, die gesunde Beziehungen ermöglichen. Das ist nichts Neues, auch die Bibel kennt dieses Phänomen und führt uns schonungslos vor Augen, wohin es letztlich führt. Im alttestamentlichen Buch der Richter versinkt eine ganze Gesellschaft in einem Sumpf der Willkür, was letztlich in Totschlag und Anarchie mündet. *»Zu der Zeit war kein König in Israel; jeder tat, was ihn recht dünkte« (Richter 21,25; LUT).*

Mit anderen Worten, jeder hatte seine eigene Wahrheit, jeder war sich selber treu. Simson war sich selber treu, als er seine Zerstörungskraft ungebremst wüten ließ, von einem Frauenskandal zum nächsten stolperte und überall, wo er auftauchte, ein spektakuläres Chaos auslöste. Die Benjaminiter waren sich selber treu, als sie eine Frau grausam vergewaltigten, bis sie tot war, und dadurch den ersten Bürgerkrieg in der Geschichte Israels heraufbeschworen. Alle Verbrecher zu allen Zeiten der Weltgeschichte haben eins gemeinsam: Sie waren sich selber treu. Das Geflüster der Schlange im Garten Eden wird in jeder Generation neu inszeniert: Sei dir selber treu, anstatt dem Herr treu zu sein. Nimm dir, was dir zusteht, folge den Gelüsten deiner Augen und deines Fleisches, gönn es dir einfach!

Wenn unsere persönliche Wahrnehmung, unsere eigenen Wünsche und Sehnsüchte zum Maß aller Dinge werden, sind die Konsequenzen unausweichlich. Meine Loyalität mir selber gegenüber wird zwangsläufig mit der Loyalität meiner Mitmenschen sich selber gegenüber zusammenprallen. Der Stärkere setzt sich durch.

Paulus schreibt an seinen jungen Freund Timotheus, wie diese Form von »Treue« aussieht: *»Die Menschen werden selbstsüchtig sein, geldliebend, prahlerisch, hochmütig, Lästerer, den Eltern ungehorsam, undankbar, unheilig, lieblos, unversöhnlich, Verleumder, unenthaltsam, grausam, das Gute nicht liebend, Verräter, unbesonnen, aufgeblasen, mehr das Vergnügen liebend als Gott, die eine Form der Gottesfurcht haben, deren Kraft aber verleugnen« (2. Timotheus 3,2-5).*

Ein Fallbeispiel aus dem Alten Testament

Ein bekannter Mann im Alten Testament passt genau in das von Paulus beschriebene Profil. Auch er war sich selber treu. Nach einem erfolgreichen Feldzug gegen seine Feinde wird über ihn gesagt: *»Er hat sich ein Siegeszeichen errichtet« (1. Samuel 15,12).* Das muss einer der traurigsten Verse in der Bibel sein; er beschreibt eine Tragödie, die nicht hätte passieren müssen. Denn diesem Mann liegt die Welt zu Füßen: Saul, dem ersten König Israels.

Er hat einen vorbildlichen Start hingelegt. Ein tapferer Krieger, ein gut aussehender Leiter mit Format, ein geschickter Stratege, überall beliebt, aus gutem Hause, von Gott erwählt, um der erste König Israels zu sein. So viel Gunst muss eine Seele erst mal verkraften.

Seiner Seele gelingt das offenbar nicht. Sauls Status und sein Aufstieg sind von Gott geschenkt, er soll sie einsetzen, um Gottes Volk zu segnen. Stattdessen fängt er an, sich selbst zu segnen. So schnell hat er vergessen, dass seine Treue zu Gott, nicht die Pflege seines guten Rufes der Schlüssel für bleibenden Erfolg ist. Es ist der klassische Fehler der Reichen und Erfolgreichen dieser Welt, der christlichen wie auch der nicht christlichen.

Sauls Hauptproblem ist die Besessenheit von seinem Image. Letztlich betet er nicht Gott an, sondern sich selbst. Er will gut dastehen. Wenn etwas schiefläuft, kann es nicht an ihm gelegen haben. Als Samuel ihn zur Rechenschaft zieht, weil er die Anweisungen Gottes missachtet und den feindlichen Amelekitern nach errungenem Sieg kein vollständiges Ende gemacht hat, hat Saul gleich eine Ausrede parat: *»Das Volk verschonte die besten Schafe … Aber das Volk hat von der Beute genommen …« (1. Samuel 15,15.21).* Ach so, die Mitarbeiter sind schuld. Saul hat nie gelernt, Verantwortung für seine Fehltritte zu übernehmen. Er war doch treu, oder? *»Gesegnet seist du von dem Herrn! Ich habe das Wort des Herrn erfüllt«*, behauptet er zuversichtlich (15,13). Die Tiere wurden also nur verschont, weil das Volk sie dem Herrn opfern wollte. Immer diese Mitarbeiter.

Samuel ist von dieser wirren Auflistung von Halbwahrheiten, Ausreden und Übertreibungen nicht beeindruckt. *»Hat der Herr so viel Lust an Brandopfern und Schlachtopfern wie daran, dass man der Stimme des Herrn gehorcht?«*, lautet die berühmte Antwort des Propheten (15,22).

Was Saul nicht begriffen hat

Die Frucht, die nach Gott schmeckt, ist das Kontrastprogramm zum Narzissmus – zu einer übersteigerten Selbstliebe, durch die wir uns selbst ergebener sind als dem Herrn, der uns geschaffen hat. In der Bibel entfaltet sich für uns eine ganz andere Lebensperspektive. Gott verspricht uns die Kraft des Heiligen Geistes, um seine Vision in die Tat umzusetzen und die Fesseln der Ichbezogenheit zu brechen. Wir lernen Treue kennen als »die Verlässlichkeit eines Akteurs gegenüber einem anderen, einem Kollektiv oder einer Sache«[26], als die Fähigkeit, unsere Kräfte, unseren Einsatz, unsere Hingabe an etwas zu verschenken, das außerhalb von uns ist, größer ist als wir selbst. Wir leben und handeln als Beauftragte, im Dienst eines Höheren.

Beispiele für diese Frucht des Geistes finden wir an verschiedenen Stellen im Wort Gottes, die klarmachen: Die schlichte Freude daran, göttliche Anweisungen verlässlich auszuführen, ist die Grundlage für jeden weiteren Erfolg im Leben. Der Patriarch Abraham wird in den späteren Aufzeichnungen von Nehemia in den höchsten Tönen gelobt, weil Gott *»sein Herz treu … erfunden (hat)«* (Nehemia 9,8).

Kaleb, der große Held bei der Eroberung des Landes Kanaan, wird an mehreren Stellen als treu bezeichnet: *»Aber meinen Knecht Kaleb – weil ein anderer Geist in ihm war und er mir treu nachgefolgt ist –, ihn werde ich in das Land bringen, in das er hineingegangen ist; und seine Nachkommen sollen es besitzen« (4. Mose 14,24; siehe auch 4. Mose 32,12; 5. Mose 1,36).*

Nicht überraschend ist, dass Treue in der Bibel oft mit der Verwaltung von anvertrautem Gut in Zusammenhang gebracht wird. Zum Beispiel in dem Gleichnis, in dem Jesus von einem Hausherrn erzählt, der überraschend nach Hause zurückkehrt: *»Glückselig jene*

Knechte, die der Herr, wenn er kommt, wachend finden wird! Wahrlich, ich sage euch: Er wird sich umgürten und sie sich zu Tisch legen lassen und wird hinzutreten und sie bedienen« (Lukas 12,37). Weiter heißt es dort: »*Wer ist nun der treue und kluge Verwalter, den der Herr über seine Dienerschaft setzen wird, um ihr die zugemessene Speise zu geben zur rechten Zeit? Glückselig jener Knecht, den sein Herr, wenn er kommt, bei solchem Tun finden wird!« (Lukas 12,42-43).*

Später ergänzt Jesus diese Gedanken durch das Prinzip, dass jedes Fortkommen im Leben von der Zuverlässigkeit in kleinen Dingen abhängt: »*Wer im Geringsten treu ist, ist auch in vielem treu, und wer im Geringsten ungerecht ist, ist auch in vielem ungerecht« (Lukas 16,10).*

Das Gleichnis von den anvertrauten Talenten geht in eine ähnliche Richtung. Zu den zwei Unternehmern, die ihr Kapital fleißig investiert haben, anstatt sich mit der Frage zu beschäftigen, ob sie auch genug bekommen haben, sagt der Herr anerkennend: »*Recht so, du guter und treuer Knecht! Über weniges warst du treu, über vieles werde ich dich setzen; geh hinein in die Freude deines Herrn« (Matthäus 25,23).*

Der Apostel Paulus hat vermutlich diese Aussagen im Sinn, als er an seine Freunde in Korinth schreibt: »*Dafür halte man uns: für Diener Christi und Verwalter der Geheimnisse Gottes. Übrigens sucht man hier an den Verwaltern, dass einer treu befunden wird« (1. Korinther 4,1-2).*

Ein weiteres Gleichnis von Jesus zeigt die Haltung eines Dieners, der weder Lob noch Lohn für seine Mühe erwartet. Die einzige Belohnung, die er braucht, ist das Wissen, seine Pflicht treu erfüllt zu haben. »*Wer aber von euch, der einen Sklaven hat, der pflügt oder hütet, wird zu ihm, wenn er vom Feld hereinkommt, sagen: Komm und leg dich sogleich zu Tisch? Wird er nicht vielmehr zu ihm sagen:*

Richte zu, was ich zu Abend essen soll, und gürte dich und diene mir, bis ich gegessen und getrunken habe; und danach sollst du essen und trinken? Dankt er etwa dem Sklaven, dass er das Befohlene getan hat? Ich meine nicht. So sprecht auch ihr, wenn ihr alles getan habt, was euch befohlen ist: Wir sind unnütze Sklaven; wir haben getan, was wir zu tun schuldig waren« (Lukas 17,7-10).

Hinter diesen biblischen Ermahnungen steht ein wichtiges Prinzip: Wer sich im Auftrag eines anderen als treu erweist, hat Zukunft. Er öffnet die Tore für großen Segen in seinem Leben wie auch für große Verantwortung.

Treue im Kleinen

Der Chef eines renommierten Hotels suchte nach einer neuen Fachkraft für die Rezeption. Es gab viele Anwärter für die Stelle. Einmal beobachtete er durchs Fenster, wie ein Bewerber die Zufahrt zum Hotel hochmarschierte, um pünktlich zu seinem Vorstellungsgespräch zu erscheinen. Ein Gast ging gerade im Park spazieren, sein Taschentuch fiel ihm aus der Hosentasche. Prompt lief der Bewerber dem Gast nach, hob das Taschentuch auf, reichte es ihm und plauderte ein wenig mit ihm. Er ahnte nicht, dass er die ganze Zeit beobachtet wurde. Der Chef des Hotels beschloss an Ort und Stelle, diesen Mann für den Job zu engagieren. Der Bewerber hatte gezeigt, dass ihm die Gäste wichtig waren.

Eine Kleinigkeit – mehr nicht –, könnte man sagen. Aber gerade in Kleinigkeiten, hinter den Kulissen, wo uns keiner sieht, sollen wir treu sein. Die Kleinigkeiten verraten, wie wir uns in »großen« Dingen verhalten werden.

Während sie in der Hitze des Tages mühsam Getreidereste aufsammelte, wusste die Moabiterin Rut nicht, dass sie beobachtet wurde. Der Landwirt Boas, dem das Feld gehörte, staunte nicht schlecht über die selbstlose Fürsorge für ihre verwitwete Schwiegermutter. Rut machte ihrem Namen alle Ehre, der im Hebräischen »die Freundin, die Begleiterin, die Freundin Gottes« bedeutet. Die Treue eben.

König Saul hätte ebenfalls ein Freund Gottes sein können. Er hätte eine lange und glorreiche Regentschaft genießen können. Sein Sturz wurde nicht durch mangelnde Begabung verursacht, auch nicht durch Angriffe von Feinden, sondern durch fehlende Demut. Seine Macht stieg ihm zu Kopfe, er diente letztlich sich selber und nicht mehr seinem Herrn. Er wusste alles immer besser. Ohne die Erkenntnis, dass Gott nicht in erster Linie unser Streben, Arbeiten und Können einfordert, sondern unsere Treue, werden wir automatisch im eigenen Auftrag handeln. Das kann langfristig nicht gut gehen.

Einer Frau in der Bibel, die sogar eine gute Freundin von Jesus war, wäre das beinahe auch passiert. Zum Glück hat sie sich jedoch rechtzeitig korrigieren lassen. Sie hieß Marta.

Treue oder nerviges Helfersyndrom?

Jede Gemeinde kennt sie. Manche Familie auch. Diese Menschen, die sich leidenschaftlich für alle möglichen Projekte einsetzen, ihren Dienst mit Fleiß und Hingabe verrichten … sich aber lautstark darüber beklagen, dass sie sich allein, nicht beachtet, im Stich gelassen fühlen. Sie wären empört, wenn ihnen irgendjemand mangelnde Treue vorwerfen würde. Und wehe dir, wenn du mitleidsvoll deine Unterstützung anbietest – oft geht das gar nicht, weil sie sich erst hinterher beklagen. Eigentlich wollen sie nämlich lieber alles allein machen. Die Klagen sind eine Taktik, mit der sie Zuwendung und Lob auf sich ziehen wollen, um sich wichtig und unersetzlich zu fühlen. Denn niemand macht es so gut wie sie. O weh, diese Typen können ganz schön anstrengend sein.

Ein bisschen von dieser Art hatte Marta, die Powerfrau in der Familie von Lazarus aus Betanien, an sich. Jesus mochte dieses Dreiergespann von Geschwistern besonders, er hat auf dem Weg nach Jerusalem immer wieder bei ihnen übernachtet. Jeder, der das Leben des Organisationstalents Marta anschaute, hätte sie auf Anhieb für eine treue Dienerin des Herrn gehalten. Jesus selber war aber nicht immer beeindruckt.

Die bekannteste Geschichte von Marta steht in Lukas 10,38-42. Jesus ist wieder zu Besuch, Marta hat in großem Stil aufgetischt, ist aber in Zeitnot geraten. Der Tischdeko wurde noch nicht der letzte Schliff verpasst, die Blumengestecke stehen noch in der Küche, der Salat muss noch fertig gemacht werden … So ähnlich wird es gewesen sein. Und was tut Martas Schwester Maria? Sie sitzt zu den Füßen Jesu und verschlingt förmlich jedes Wort, das er sagt. Als ob es hier nicht Wichtigeres zu tun gäbe. Erst recht für die Frauen des Hauses. Einem gelehrten Rabbi zu lauschen, das war ohnehin eindeutig Männersache.

Offensichtlich erwartet Marta von Jesus Solidarität. Sie hält sich für die Geistlichere im schwesterlichen Zweiergespann – die, die von Hingabe etwas versteht. Dass sie voll am Ziel vorbeischießen könnte, kommt ihr nicht in den Sinn. Jesu Behauptung, dass Maria »das gute Teil erwählt« hat, muss sie anfänglich schockiert haben. Es ist einer dieser kleinen, aber doch sehr wichtigen Momente im Alltag. Wie soll sie reagieren? Gekränkt sein? Sich gedemütigt fühlen? Weil ihre ganze Mühe nicht wertgeschätzt wird? Jesu Ermahnung haben sicher auch die anderen Gäste mitbekommen.

Marta hätte auf den ersten Blick jeden Grund gehabt, sauer zu sein. Sie hätte den rebellischen Weg von König Saul gehen, ihrem

Herzen folgen, sich selber treu sein können. »Werde ich hier etwa benachteiligt? Bevorzugt Jesus die Maria? Hat er was gegen mich? Ich zerbreche mir hier den Kopf, laufe mir die Füße wund, um ein ordentliches Essen auf den Tisch zu bringen, um treu zu dienen … Meine Schwester lässt mich voll im Stich und dann werde ich auch noch vor meinen Gästen beleidigt? Wenn das meine Belohnung war, dann war's das mit Jesus. Tschüss, Leute, ich suche mir jemanden, der mich und meine Talente zu schätzen weiß!«

Maria könnte auf einmal zur Feindin, zur Rivalin, ihrer Schwester werden. Im Nu würde der Haussegen ordentlich schief hängen. Eine kleine Ermahnung aus dem Mund des Herrn – und meine Antwort darauf kann über mein weiteres Schicksal entscheiden: *»Tod und Leben sind in der Gewalt der Zunge, und wer sie liebt, wird ihre Frucht essen« (Sprüche 18,21).*

Über Martas unmittelbare Reaktion auf die Zurechtweisung von Jesu Seite erfahren wir nichts. Auch nichts über ihre Gedankengänge und Empfindungen. Aber einen kleinen Einblick bekommen wir durch die Fortsetzung der Geschichte. Martas Lebensweg verläuft auf jeden Fall anders als der von König Saul.

Ein Wiedersehen mit der gestressten Hausfrau

Wir begegnen der fleißigen Hausfrau wieder, als ihrer Familie eine existenzielle Krise droht: die schwere Krankheit des Bruders Lazarus. Jesus wird gerufen, er kommt allerdings zu spät. Lazarus ist bereits gestorben. Marta ist es, die als Erste aus dem Haus stürzt und zu Jesus rennt, sobald es sich herumspricht, dass er im Anmarsch ist (Johannes 11). In dem nun folgenden Gespräch zwischen Jesus und Marta wird deutlich, dass sie immer noch großes Vertrauen zu ihm hat, und ihr gegenüber äußert er die berühmten Worte: *»Ich bin die Auferstehung und das Leben; wer an mich glaubt, wird leben, auch wenn er gestorben ist; und jeder, der da lebt und an mich glaubt, wird nicht sterben in Ewigkeit« (Johannes 11,25-26).*

Anschließend überschlagen sich die Ereignisse förmlich: Die dramatische Auferstehung von Lazarus sorgt bis nach Jerusalem für Furore und stellt somit die Weichen für die spätere Hinrichtung von Jesus. Einige Zeit nach seinem spektakulären Besuch ist Jesus wieder auf dem Weg nach Jerusalem und macht seinen üblichen Abstecher nach Betanien. Wieder trifft er Marta und Maria, wieder gibt es ein Essen, wieder sitzt Maria Jesus zu Füßen. Dieses Mal jedoch mit einer Flasche teueres Salböl, das sie auf seine Füße gießt, um sie anschließend mit ihren Haaren zu trocknen.

Manchmal sind es wenige Worte, Halbsätze oder Andeutungen, die eine biblische Geschichte entschlüsseln. Vieles wird quasi nebenbei erwähnt, scheinbar unabsichtlich. Gerade das macht die Bibel so glaubwürdig. In diesem Bericht heißt es nur: *»Marta diente« (Johannes 12,2).* Zwei Worte. Es folgen keine langen Auslegungen oder Hinweise auf den Vorfall in Lukas 10, keine Belehrungen, wie man etwa mit Verletzungen und Enttäuschungen klarkommt, keine Darstellungen, wie Marta sich nach Jesu Ermahnung wieder aufgerafft hat. Das alles scheint kein Thema zu sein. Marta hat offensichtlich begriffen, dass Jesus nicht ihren Fleiß kritisiert hat, nur ihre Prioritäten. Er hat sie von ihrer stresserfüllten Suche nach Perfektion, nach Mitleid, nach Anerkennung für ihre Leistung losgerissen und ihr gezeigt, was wirkliche Treue ist. Seine Worte waren keine Beleidigung, sondern eine Einladung.

Es wird auch nicht viel Aufheben von Marias dramatischem Akt der Anbetung gemacht. Wir hören keine Sticheleien, die Marta gegenüber ihrer Schwester geäußert hätte, keine Klagen, dass sie selbst nicht beachtet wird.

Diese Geschichte hätte ganz anders ausgehen können. Marta hätte eine richtige Haustyrannin werden können. »Es läuft, wie ich will. Ihr tut, was ich sage, oder …« Die Ansätze dafür waren schon da. Aber sie nimmt sich zurück, lässt Maria in ihrer Unterschiedlichkeit gewähren und im Mittelpunkt stehen und kümmert sich einfach um die Gäste. Eine Nachfolgerin Jesu, in seinem Auftrag unterwegs. Die Frucht der Treue wächst, wenn wir aus unseren Fehlern und Bauchlandungen lernen und es beim nächsten Mal anders machen.

Wenn Treue einseitig ist

Aber was ist, wenn unsere Mitmenschen nicht bereit sind, aus ihren Fehlern zu lernen und ihr Verhalten zu ändern? Wenn eine Verpflichtung einseitig bleibt? Gottes Treue ist bedingungslos, das ist klar, denn *»wenn wir untreu sind – er bleibt treu, denn er kann sich selbst nicht verleugnen« (2. Timotheus 2,13).*

Diese Worte von Paulus an Timotheus werden immer wieder zitiert, um Christen zu suggerieren, dass sie an einer Beziehung dranbleiben müssten, auch wenn ihre Hingabe nicht erwidert wird. Ein Ehepartner müsse es aushalten, wenn er oder sie betrogen, geschlagen, missbraucht wird. Man müsse ja vergeben. Eine Mutter oder ein Vater dürfe nicht eingreifen, wenn die Kinder vom anderen Elternteil misshandelt werden. Wann ist es in einer schwierigen Beziehung genug? Gibt es überhaupt ein »Genug«, wenn Gott immer treu ist und wir seine Nachahmer sein sollen?

Eines steht fest: Gott stellt uns Christen Unmengen von Ressourcen an Güte, Gnade und großzügiger Vergebungsbereitschaft für den Umgang mit unseren Mitmenschen, allen voran unseren engsten Angehörigen, zur Verfügung. Ich soll mich lieber schlecht behandeln oder übervorteilen lassen, soll lieber die Extra-Meile gehen und lieber einen Mantel mehr hergeben (Matthäus 5,40-41), als zu riskieren, jemandem unrecht zu tun oder gemein und engherzig zu sein.

Aber wie bei den anderen Früchten ist es auch hier wichtig, gesunde Grenzen zu ziehen. In einer zerstörerischen Beziehung auf Abstand zu gehen, hat nichts mit Untreue zu tun. Meine seelischen Kräfte weise zu verwalten und mich nicht vereinnahmen zu lassen, auch nicht. Wir tun einem Mitmenschen keinen Gefallen, wenn wir ihn ungehindert mit uns machen lassen, was er will. Meine Treue zu meinen Kindern hat immer wieder bedeutet, dass ich konsequent mit ihnen umgehen, ihnen klar vermitteln musste: »Wenn ich deinem schlechten Verhalten keinen Einhalt gebiete, liebes Kind, dann hat das mit Liebe oder Hingabe nichts zu tun. Sondern im Gegenteil: Weil ich dir treu bin, muss ich dich strafen.«

Wenn ich um des lieben Friedens willen den manipulativen Taktiken von Menschen nachgebe, die mich zu ihren eigenen Zwecken missbrauchen wollen, ist das Feigheit und keine Treue. Gleichzeitig muss ich jederzeit bereit sein, zu vergeben und eine Beziehung wieder aufzunehmen, sollte es Einsicht und Reue geben. Auch das gehört zu Treue dazu.

Genau solche Zerreißproben finden wir auch in der Bibel. König Saul ist schon wieder das beste Beispiel dafür. Ihm passiert das, was vielen Menschen passiert, die nur sich selber treu sein wollen: Er ist von loyalen Menschen umgeben, die ihn von Herzen lieben, unterstellt ihnen jedoch ganz andere Motive. Da ist zum Beispiel der junge David, der als Musiker an den königlichen Hof geholt wurde und sich später durch seinen Sieg über den Riesen Goliath um die Ehre des Volkes Gottes verdient macht. Der Mann, der *seine* Wahrheit lebt, sieht David allerdings als Bedrohung und Konkurrenten. Davids Liebe zu Saul wird zunehmend mit Hass und Mordlust erwidert. Nichts, was David unternimmt, kann den König von seiner Treue überzeugen. Saul glaubt, dass David im Begriff sei, einen Putsch vorzubereiten und die Königswürde an sich zu reißen. Von Davids Verhalten in diesem Dilemma können wir viel über Treue lernen:

- Er zögert nicht, sich sofort zu retten und zu flüchten, sobald sein Leben gefährdet ist (1. Samuel 21).
- Gleichzeitig kommt es für ihn überhaupt nicht infrage, sich zu rächen oder Hand an Saul zu legen, um seine eigene Haut zu retten (1. Samuel 26,9).
- Er lässt keine Möglichkeit aus, um dem König seine wohlwollende und wertschätzende Haltung zu signalisieren (1. Samuel 24).
- Nach Sauls Tod empfindet er keine Schadenfreude, sondern echte, tiefe Trauer (2. Samuel 1).

Was die Bibel Treue nennt

Viele von König Davids Eigenschaften finden wir in Form von Lehre und Ermahnung im Neuen Testament wieder. Treue – genau wie die anderen Früchte, die nach Gott schmecken – hat wenig mit menschlichen Sympathien zu tun, vielmehr mit nüchternen Verpflichtungen, die das Wort Gottes vorgibt. Ich bin meinem Ehemann treu, nicht nur, weil ich ihn mag, sondern auch, weil ich am Tag unserer Hochzeit ein feierliches Versprechen abgelegt und einen Bund der Treue mit ihm geschlossen habe. Dabei habe ich mich verpflichtet, in guten wie in schlechten Zeiten zu ihm zu stehen. Gerade in den schlechten Zeiten, als wir unsere liebe Mühe miteinander hatten oder von Umständen überwältigt wurden, die unsere Beziehung unter großen Stress brachte, war dieser Bund die Kraft, die uns zusammenhielt. Mit dem Ehebund lege ich mich fest, ich stelle das Wohlbefinden eines anderen und den Gehorsam Gott gegenüber bewusst über meine eigenen Impulse.

Ich bin meiner Familie treu, weil es meine erste Verpflichtung ist, für sie da zu sein, wenn sie mich brauchen, ob es mir Spaß macht oder nicht: *»Wenn aber jemand für die Seinen und besonders für die Hausgenossen nicht sorgt, so hat er den Glauben verleugnet und ist schlechter als ein Ungläubiger« (1. Timotheus 5,8).* Dazu gehört auch, dass ich mich meinen Familienmitgliedern nicht aufdränge, wenn sie gerade andere Prioritäten haben, als mich zu beachten und mit mir zusammen zu sein. Daran musste ich mich immer wieder erinnern, als die Kinder das Haus verließen und ihre eigenen Familien gründeten. Manchmal fühlte ich mich richtig verwaist und musste damit klarkommen, dass ich mehr an sie dachte, sie mehr vermisste als sie mich. Hier bedeutete Treue, nicht gekränkt zu sein, sie fröhlich loszulassen und nach anderen Menschen zu schauen, die meine Zuwendung in dieser Lebensphase nötig haben könnten.

Ich bin meiner Schule – meinem Arbeitgeber – treu, wenn ich meinen Unterricht gut vorbereite und meine Pflichten erfülle. Meiner Gemeinde bin ich verpflichtet, sie zu unterstützen, die Versammlungen nicht zu versäumen, mich mit meinen Gaben einzubringen. Treue bedeutet hier ebenfalls, zu meinem Wort zu stehen, verlässlich zu sein, auch in Kleinigkeiten. Bereit zu sein, auch die »uncoolen« Aufgaben zu übernehmen, und nie auf die Idee zu kommen, ich sei zu wichtig oder zu beschäftigt, um beim Kaffeemachen zu helfen, mich freundlich mit einem Gottesdienstbesucher zu unterhalten oder nach dem gemeinsamen Essen die Tische abzuwischen. Die Kranken und Bedürftigen in unserer Gemeinde und überhaupt in unserem Umfeld haben einen besonderen Anspruch auf unsere treue Fürsorge, weil das Wort Gottes es so vorschreibt. Hier heißt Treue: immer wieder nachhaken, wie es ihnen geht, sie in unserem Herzen tragen, dafür sorgen, soweit wir können, dass sie alles haben, was sie brauchen (Jakobus 1,27; Matthäus 25,36).

Ein junger, flotter Mitarbeiter unterstellte meinem Mann einmal, sich nicht genug um Beziehungen zu reichen, gebildeten und erfolgreichen Leuten zu bemühen. Wenn seine Auftritte professioneller, seine Predigten moderner wären, hätten wir bald lauter Mitglieder mit dickem Bankkonto, die uns zur erfolgreichsten Gemeinde in der Gegend machen würden. Wir waren empört. Uns war klar: Unsere erste Treue und unser Einsatz gehört denen, die Gott auf dem Herzen hat, und nicht den Menschen, die uns aus weltlicher Sicht »erfolgreich« machen. Dann sind wir lieber ohne Erfolg, aber treu in Gottes Augen.

»Gnade und Treue sollen dich nicht verlassen. Binde sie um deinen Hals, schreibe sie auf deines Herzens Tafel! Und finde Gunst und feine Klugheit in den Augen Gottes und der Menschen!« (Sprüche 3,3-4). Als treuer Christ bin ich der Ausführende einer mir zugeteilten Aufgabe. Das heißt, ich führe sie nicht nach meinem Gutdünken aus, sondern in der Art und Weise, wie der Auftraggeber es verordnet hat. Eine eigene Agenda zu haben, ist hier fehl am Platz. *»Denn wir sind sein Gebilde, in Christus Jesus geschaffen zu guten Werken, die Gott vorher bereitet hat, damit wir in ihnen wandeln sollen« (Epheser 2,10).*

Ich hatte eine Schülerin, die eine begabte Künstlerin war, aber ihren eigenen Kopf hatte, wenn es um die Interpretation von Aufgaben ging. In einer Kunstprüfung produzierte sie einmal ein wunderschönes Bild und war dann am Boden zerstört, als sie dafür eine schlechte Note bekam. Das Problem: Ihre Kunstarbeit war zwar überdurchschnittlich gut, aber sie hatte den eigentlichen Auftrag nicht ausgeführt. Ähnlich wie Marta, die fleißig arbeitete, jedoch gemäß ihren eigenen Vorstellungen handelte.

Die Treue Gottes

In den biblischen Beispielen, die wir angeschaut haben, sehen wir überall die Fingerabdrücke von Gott selber, dem Ursprung aller Treue. Der Schriftsteller Paul David Tripp schreibt in seinem Andachtsbuch: »Ja, es ist wahr: Gott wird treu bleiben, selbst wenn du es nicht immer bist; denn seine Treue beruht auf dem, was er ist, und nicht auf dem, was du tust.«[27]

Gott braucht keine Anweisungen, um zu wissen, wie Treue im Alltag funktioniert. Sein Wesen ist Treue – bedingungslos, nicht berechnend, nicht abhängig von Sympathien oder der Hoffnung auf Beifall. Die Bibelverse über seine unerschütterlich Treue sind herzerwärmend und ermutigend:

- »Treu ist, der euch beruft; er wird es auch tun« (1. Thessalonicher 5,24).
- »Ja, die Gnadenerweise des Herrn sind nicht zu Ende, ja, sein Erbarmen hört nicht auf, es ist jeden Morgen neu. Groß ist deine Treue« (Klagelieder 3,22-23).
- »Treu ist aber der Herr, der euch stärken und vor dem Bösen bewahren wird« (2. Thessalonicher 3,3).
- »Gott aber ist treu, der nicht zulassen wird, dass ihr über euer Vermögen versucht werdet, sondern mit der Versuchung auch den Ausgang schaffen wird, sodass ihr sie ertragen könnt« (1. Korinther 10,13).

- »Mit seinen Schwingen deckt er dich, und du birgst dich unter seinen Flügeln. Schild und Schutzwehr ist seine Treue« (Psalm 91,4).

Um diese bedingungslose Treue Gottes zu erleben, müssen wir jedoch auch unseren Part dazu beitragen. *»Treu ist er, der die Verheißung gegeben hat«*, versichert uns zwar der Verfasser des Hebräerbriefes (10,23), aber an uns liegt es, *»das Bekenntnis der Hoffnung unwandelbar fest(zu)halten«*. Schon Mose hat lange Zeit vorher etwas Ähnliches gesagt: *»So erkenne denn, dass der Herr, dein Gott, der Gott ist, der treue Gott, der den Bund und die Güte bis auf tausend Generationen … bewahrt« (5. Mose 7,9)* – aber nicht beliebig, sondern *»denen …, die ihn lieben und seine Gebote halten«*. *»Die Gnade des Herrn … währt von Ewigkeit zu Ewigkeit«*, sagt uns der Psalmist (103,17), aber nicht pauschal über alle Menschen, sondern *»über denen, die ihn fürchten … für die, die seinen Bund halten, die seiner Vorschriften gedenken, um sie zu tun«*.

Wir können uns aus freien Stücken von diesem Segen abkoppeln, wenn wir es so wollen. Seine Treue wirkt sich nur dann heilsam auf unser Leben aus, verändert und heiligt uns nur dann, wenn wir uns auf sie einlassen, sie zu schätzen wissen, sie täglich neu als Fundament unseres Lebens bekräftigen.

Eine erfolgreiche Beziehung – ob zu Menschen oder zu Gott – kann nur auf einer freiwilligen Gegenseitigkeit beruhen. Liebe kann nie erzwungen, Treue nie gewaltsam eingefordert werden. Jesus ließ die Menschen ziehen, die den Bedingungen der Nachfolge nicht zustimmen wollten. Die mögliche Bonusse abkassieren wollten, ohne das notwendige Opfer zu bringen. Aber die Tür bleibt offen. Wer die Abkehr von ihm ernsthaft bereut und einen Neuanfang will, findet Gott wie den Vater im Gleichnis Jesu (Lukas 15) vor: wartend, suchend, bereit, dem geliebten Kind zu verzeihen, nach dessen Rückkehr er sich sehnt. »*Wenn wir unsere Sünden bekennen, ist er treu und gerecht, dass er uns die Sünden vergibt und uns reinigt von jeder Ungerechtigkeit« (1. Johannes 1,9).* Das ist bedingungslose Treue.

Diese leidenschaftliche Treue Gottes unwiderstehlich zu finden und ihm treu zu sein, gibt uns die notwendige Kraft, den Menschen, die er uns anvertraut, unsere bedingungslose Treue zu schenken. *»Denn der Herr liebt Recht und wird seine Getreuen nicht verlassen; ewig werden sie bewahrt« (Psalm 37,28).*

ZUM NACHDENKEN

In welchen Lebensbereichen habe ich die Treue Gottes schon erlebt? Wie möchte ich in meiner Treue zu ihm und zu anderen Menschen wachsen?

8. SANFTMUT:
Kraft unter Kontrolle

Eine Auszeichnung Gottes, die nicht zu toppen ist

Wenn es eine Frucht des Geistes gibt, in der alle anderen gebündelt sind, dann diese: Sanftmut. Es gibt jede Menge Synonyme für das Wort Sanftmut. Warmherzigkeit, Gutmütigkeit, Milde, Güte, Zartheit, Geduld, Entgegenkommen, Friedlichkeit, Gelassenheit, Herzensgüte, Gemütsruhe, Gleichmut, Zuvorkommenheit, Einfühlungsvermögen, Freundlichkeit sind nur einige davon. Ein Werte-Lexikon beschreibt Sanftmut als »eine ruhige, friedliche und ausgeglichene Wesensart mit wohlwollender Gesinnung«.[28]

Da wird einem richtig warm ums Herz. Schön wär's. Von der Sorte könnte ich beliebig viele in meinem Bekanntenkreis unterbringen. Aufbrausen, wütend sein, schimpfen, klagen – das kann jeder. Sanftmut muss gelernt werden. Gerade das darf ein Mann in der Bibel feststellen, der als *»sehr demütig, mehr als alle Menschen auf Erden«* bezeichnet wird (4. Mose 12,3; LUT). Die Schlachter- und die Menge-Übersetzung verwenden das Wort »sanftmütig« statt »demütig«. Das ursprüngliche hebräische Wort ist »gebeugt«. Auf den ersten Blick könnten einem eine ganze Reihe von Adjektiven in den Sinn kommen, die den Charakter Moses beschreiben. »Sanftmütig«, »demütig« oder »gebeugt« wären jedoch ganz gewiss nicht dabei.

In eine hebräische Sklavenfamilie hineingeboren, überlebt er durch das Geschick und die Tapferkeit seiner geistesgegenwärtigen Mutter das Massaker des Pharao an den männlichen Säuglingen der Hebräer und wird schlussendlich von der Tochter des Pharao adoptiert. Er genießt eine Kindheit und Jugend in dem fürstlichen Luxus, der für königlichen Nachwuchs üblich war, und eine Bildung, die dazu gedacht war, aus ihm eine dominante und hartgesottene Führungspersönlichkeit zu machen. Er ist auf dem besten Wege, genau das zu werden. Doch seine hebräische Identität lässt sich auch durch eine hervorragende ägyptische Erziehung nicht auslöschen.

Eines Tages rastet Mose aus, als er einen ägyptischen Sklaventreiber dabei erwischt, wie dieser auf einen hebräischen Sklaven einprügelt. Er bringt den Peiniger an Ort und Stelle um und versteckt seinen Leichnam in einem hastig gegrabenen Loch. Als der Vorfall sich herumspricht und ihn die Gunst am königlichen Hof kostet, ergreift Mose die Flucht. Vierzig Jahre Wüstenleben als Viehzüchter in einem landwirtschaftlichen Kleinbetrieb bei den Nomaden Midians machen aus ihm nicht nur einen Familienvater, sondern auch einen übersensiblen, ängstlichen Steppenbewohner.

Als Gott ihn schließlich an jenem berühmten Busch einholt, der brennt, aber nicht verbrennt, findet er einen gebrochenen, eingeschüchterten Mann vor, der nicht einmal den Klang seiner eigenen Stimme leiden kann: »*Ach, Herr! Ich bin kein redegewandter Mann, weder seit gestern noch seit vorgestern, noch seitdem du zu deinem Knecht redest; denn unbeholfen ist mein Mund und unbeholfen meine Zunge*« *(2. Mose 4,10).*

Nichts ist mehr vom Tatendrang des selbst ernannten jungen Richters übrig, der seinen Landsmann vor dem Schlagstock des Sklaventreibers retten wollte. Jähzornig, impulsiv, cholerisch, übersensibel, ängstlich: der sanftmütigste Mann der ganzen Erde? Offensichtlich muss es möglich sein, Sanftmut zu lernen. Der Prediger Dwight

L. Moody fasste Moses Leben so zusammen: »Mose verbrachte vierzig Jahre im Palast des Königs und dachte, er sei wer. Danach vierzig Jahre in der Wüste, wo er entdeckte, dass er ohne Gott ein Niemand war. In den folgenden vierzig Jahren erlebte er schließlich, was Gott mit einem Niemand ausrichten kann.«[29]

Moses Wutausbrüche sind legendär. Auch nach seinem langen Aufenthalt in der Wüste hat er sich diesbezüglich noch nicht im Griff. Die Bibel ist schonungslos in ihrer Schilderung: Einmal schleudert Mose in seiner Empörung über den Götzendienst der Israeliten die Steintafel mit den Zehn Geboten auf den Boden (2. Mose 32,19), einmal – mit weit ernsteren Folgen – schlägt er wütend mit seinem Stab auf den Felsen, anstatt, wie von Gott klar angewiesen, zu diesem Felsen zu sprechen (4. Mose 20,10-13).

Verlierer, die zu Helden werden

Aber genau das ist Gottes Strategie: Er nimmt fehlerhafte Diener, mit all ihren Macken, Ecken und Kanten, und heiligt sie, setzt sie für die Ausführung seiner Pläne ein. Wie sich herausstellt, ist Mose, entgegen seiner eigenen anfänglichen Sicht der Dinge, optimal ausgerüstet, um Gottes Volk aus der Sklaverei des Pharao zu befreien. Gott hat nichts dem Zufall überlassen. Als junger Fürst Ägyptens wurde Mose mit den Gepflogenheiten am ägyptischen Hof vertraut, er spricht die Sprache, kann es in vieler Hinsicht mit Pharao & Co aufnehmen. Mose, der Hirte, kennt sich mit der alltäglichen Versorgung von Mensch und Tier aus wie auch mit den Härten eines Lebens in der Wüste. Alle Elemente von Moses bisherigem bewegtem Leben werden nun im Auftrag Gottes genutzt und zur Rettung seines Volkes eingesetzt, keine einzige Station seiner Biografie ist umsonst gewesen.

Mitten in den Strapazen, die er durchmacht, wird Mose von Gott geformt, geschliffen, verändert. In seiner Auseinandersetzung mit dem unbeugsamen Pharao lernt er Ausdauer und Gottvertrauen. In den Reibereien mit seinen eigenen Landsleuten entwickelt er hohe Führungskompetenzen, erweist sich als inspirierender Visionär und erstklassiges Organisationstalent. Aber erst an einem gewissen Punkt erblicken wir bei ihm die Frucht, die nach Gott schmeckt.

Das Volk hat gerade den dramatischen Durchzug durchs Rote Meer erlebt, ein Wunder Gottes jagt das nächste, aus der Ferne winkt schon ein neues Leben im eigenen Land, Mose hat soeben die Verfassung für ein geordnetes Miteinander unter der Herrschaft Gottes in die Hand gedrückt bekommen. Vor den Augen dieser privilegierten Menschen wird Heilsgeschichte sozusagen »live« geschrieben. Und dann geschieht das Unfassbare. Mose steigt vom Berg herab und platzt mitten in eine Orgie von johlenden, wild tanzenden, besoffenen Hebräern hinein, die eine Götzenfigur anbeten. Das Volk aus Ägypten herauszuführen, war wohl der einfachere Teil. Ägypten aus dem Volk herauszutreiben, weitaus schwieriger. In seiner Wut schmettert Mose die Steintafeln, auf denen die Zehn Gebote von der Hand Gottes eingemeißelt sind, auf den Boden.

In dieser Situation macht Gott seinem Diener ein sensationelles Angebot: *»Und nun lass mich, dass mein Zorn über sie entbrenne und sie verzehre; dafür will ich dich zum großen Volk machen« (2. Mose 32,10; LUT).*

Das wär's doch, oder? Von vorne beginnen. Weg mit dieser lästigen, undankbaren Meute von Rebellen, die ihn, Mose, so jämmerlich im Stich gelassen haben. Heilsgeschichte 2.0, ein Neuanfang, nur mit Mose und seiner Familie. Für seine Söhne würde das sicherlich eine glorreiche geistliche Karriere bedeuten. Ein

Tsunami des verdienten Gerichts vernichtet das abtrünnige Volk, und eine einzige Familie – seine Familie – überlebt und fängt von vorne an. Bei Noah hat Gott es immerhin auch so gemacht.

Moses Antwort auf Gottes Angebot ist noch sensationeller als das Angebot selbst. Es gibt eine Kraft in diesem Mann, die stärker ist als die Wut, die in ihm brodelt. Und das ist seine Liebe für sein Volk. Für das Volk, das ihm gerade ein Messer in den Rücken gerammt und ihn böswillig verraten hat, allen voran sein eigener Bruder und seine eigene Schwester, die bisher seine engsten Verbündeten gewesen sind. Zum zweiten Mal in der Geschichte des Volkes Israel springt ein Diener Gottes in die Bresche, um einen mit Recht zornigen Gott in seinem Gerichtsfeldzug aufzuhalten. Es ist nicht überraschend, dass Mose sich auf seinen Vorfahren Abraham beruft, als er vor Gott auf die Knie fällt:

Mose wollte den Herrn, seinen Gott, besänftigen und sprach: Ach, Herr, warum will dein Zorn entbrennen über dein Volk, das du mit großer Kraft und starker Hand aus Ägyptenland geführt hast? Warum sollen die Ägypter sagen: Er hat sie zu ihrem Unglück herausgeführt, dass er sie umbrächte im Gebirge und vertilgte sie von dem Erdboden? Kehre dich ab von deinem glühenden Zorn und lass dich des Unheils gereuen, das du über dein Volk bringen willst. Gedenke an deine Knechte Abraham, Isaak und Israel, denen du bei dir selbst geschworen und verheißen hast: Ich will eure Nachkommen mehren wie die Sterne am Himmel, und dies ganze Land, das ich verheißen habe, will ich euren Nachkommen geben, und sie sollen es besitzen für ewig. Da gereute den Herrn das Unheil, das er seinem Volk angedroht hatte« (2. Mose 32,11-14; LUT).

Dieses Gebet ist eine bewegende Demonstration dessen, was wahre Sanftmut ist: der Ausdruck eines Lebens, das sich an andere verschenkt. Ein demütiges Herz, das seine Stimme für andere erhebt. Auch wenn Mose immer noch im Zorn Steintafeln zerschmettern kann, schlägt sein Herz mit unvermindertem Eifer für das Wohl des Volkes, dessen Zukunft untrennbar mit seiner verflochten ist. Das Überleben seiner Landsleute ist ihm wichtiger als jedes Verlangen, sie für ihren Götzendienst zu bestrafen, ihren Schlag mit einem Gegenschlag zu erwidern.

»Die Rache ist mein ..., spricht der Herr«

Der »sanftmütigste Mann der ganzen Erde« macht dieser Bezeichnung später noch einmal alle Ehre, als sich seine eigenen Geschwister gegen ihn erheben. Es ist ein klassischer Fall von Projektion: Täter, die ihrem Opfer das Fehlverhalten in die Schuhe schieben, das sie selber an den Tag legen. Mose sei machtgierig, klagen Aaron und Mirjam. Er würde sich als geistliche Persönlichkeit profilieren, die das exklusive Recht hätte, Gottes Stimme zu hören. Für wen halte er sich denn? Auch sie, seine Geschwister, würden Gottes Stimme hören.

Aaron und Mirjam haben vergessen, dass niemand, der wirklich Gottes Stimme hört, jemals auf diese Weise prahlen würde. Nicht nur das launische Volk fällt immer wieder über Mose her, jetzt tun es auch noch seine engsten und vertrautesten Mitarbeiter, seine eigenen Geschwister. Wie muss ihm das wehgetan haben. Die Szenen, die folgen, sind dramatisch. Gott schreitet sofort ein und nimmt seinen Diener in Schutz: *»Warum habt ihr euch nicht gefürchtet, gegen meinen Knecht, gegen Mose, zu reden?« (4. Mose 12,8).*

Die Sanktionen sind hart, vor allem für Mirjam. Sie blickt auf ihre Haut, die plötzlich weiß ist vor Aussatz. Eine schreckliche Strafe für die Frau, die zu einer der berühmtesten Geschwistergruppen der Weltgeschichte gehört – die Prophetin, die die Feierlichkeiten nach dem historischen Durchzug durchs Rote Meer choreografiert hat. Panik bricht in der Familie aus, Aaron fleht Mose an, Gott zu bitten, die Strafe rückgängig zu machen.

Und Mose zögert auch jetzt nicht, Gott um das Leben seiner Schwester anzuflehen. Keine Seele ist weicher, einfühlsamer, mitfühlender als die Seele, die fähig ist, Hass mit Liebe, Feindseligkeit mit Wohlwollen zu begegnen. *»Und Mose schrie zu dem Herrn und sagte: Gott, ach, heile sie doch!« (4. Mose 12,13).*

Wie lahm und kraftlos kommen mir meine eigenen Gebete vor, wenn ich lese, wie dieser Mann um die Rettung seiner Gegner gerungen hat. Ein zorniger Gott, der seinen Arm zum Gericht ausstreckt, lädt seinen Diener ein, sich dazwischenzuwerfen und das Gericht abzuwenden. Wer so etwas macht, hat verstanden, was wahre Fürbitte ist. Es ist Golgatha in Kleinformat. Die Einladung, so zu handeln wie Jesus. Der Unschuldige bittet für die Schuldigen.

Gott hört auf Moses Gebet und schreitet ein. Miriam wird bestraft, aber nur für eine gewisse Zeit. Dem aufmerksamen Bibelleser fällt auf, dass Moses Schwester nach diesem dramatischen Einbruch in ihrer Biografie nie wieder in alter Frische auftritt. Ihre aktive Rolle in Israels Wanderung zum verheißenen Land endet mit diesem Akt der Auflehnung gegen ihren Bruder.

Kaum einer von uns wird sich in solch dramatischen Situationen wiederfinden, wie Mose sie erlebt hat. Aber seine inständige Fürbitte für seine Schwester dient als Vorschau auf das Gebet des Herrn viele Jahrhunderte später: *»Vater, vergib ihnen! Denn sie wissen nicht, was sie tun!« (Lukas 23,34).* Das sanftmütige Herz ist das Herz, das keine Ansprüche stellt, nicht auf sein Recht pocht, seine Identität nicht durch Machtbeweise unterstreichen muss. Sanftmut ist das Ich, das gestorben ist beziehungsweise sich selbst opfert in der Hoffnung, anderen dadurch das Leben zu retten. Mit seiner Sanftmut berührt Mose aufs Innigste das Wesen von Gott selber.

Von Jesus lernen

Jesus hat sich in seinen Predigten und Gesprächen immer wieder auf Mose berufen, sein Reden ist von dem Gedankengut der ersten fünf Bücher der Bibel durchtränkt. Die Seligpreisungen Jesu im Matthäusevangelium sind das Manifest oder die Grundsatzerklärung für den Neuen Bund: Die Lehren von Mose werden nicht ersetzt – das macht Jesus ausdrücklich klar –, sondern vervollständigt, zur Reife gebracht. Auf der eigentlichen Erfolgsspur dieser Welt befinden sich, laut Jesus, nicht die üblichen Glückspilze – die Talentierten, Reichen, Selbstsicheren, Gesunden. Sondern die Armen, Bedürftigen, Trauernden, Benachteiligten.

Die geistliche Frucht der Sanftmut taucht auch in dieser Aufzählung auf und ist mit einer kraftvollen Verheißung verknüpft: *»Glückselig die Sanftmütigen, denn sie werden das Land erben« (Matthäus 5,5).*

Wer darauf verzichtet, Segen eigenmächtig für sich zu beanspruchen, kann mit einer besonderen Portion göttlichen Segens rechnen. Am Ende werden nicht diejenigen das große Los ziehen, die für ihre eigene Lebensagenda gekämpft haben, sondern diejenigen, die sich vor Gott gedemütigt haben, sich seiner Führung unterstellt haben und sich für seine Agenda starkgemacht haben. Der Apostel Paulus greift in seinem Brief an Timotheus genau die Erkenntnisse auf, die Mose in seiner Charakterschule mit Gott gewonnen und umgesetzt hat. Vielleicht denkt Paulus wirklich an Mose, als er schreibt: *»Ein Knecht des Herrn aber soll nicht streiten, sondern gegen alle milde sein, lehrfähig, duldsam« (2. Timotheus 2,24).*

In ihrer vollkommenen Form kommt die geistliche Frucht der Sanftmut im Ostergeschehen zum Ausdruck: im unschuldigen Opferlamm, das jene Sühnung von Schuld vollbringt, die Abraham und Mose in ihren Fürbitten symbolisch vorweggenommen haben.

Schon im Alten Testament sehen die Propheten in ihrem Geist Bilder von der Kreuzigung und ahnen, zu welchen drastischen Maßnahmen Gott bereit sein wird, um seine verlorene Welt nicht mit Gewalt, sondern mit sich aufopfernder Liebe zurückzugewinnen:

»Ich bot meinen Rücken den Schlagenden und meine Wangen den Raufenden, mein Angesicht verbarg ich nicht vor Schmähungen und Speichel. Aber der Herr, Herr, hilft mir. Darum bin ich nicht zuschanden geworden, darum habe ich mein Gesicht hart wie Kieselstein gemacht. Ich habe erkannt, dass ich nicht beschämt werde. Nahe ist, der mir Recht schafft: Wer will mit mir einen Rechtsstreit führen? Lasst uns zusammen hintreten! Wer ist mein Rechtsgegner? Er trete her zu mir!« (Jesaja 50,6-8).

Sanftmut oder Schwachheit?

Göttliche Sanftmut ist das Gegenteil von Schwachheit. Sie ist Selbstregulierung, eine Kraft, die konstruktiv und an der richtigen Stelle eingesetzt wird, und zwar zum Wohl anderer. Kraft unter Kontrolle. Kraft im Dienst Gottes. Jesus lebt uns diese Sanftmut in ihrer vollkommenen Form vor. Zärtliche Fürsorge für die Leidenden dieser Welt ist sein Markenzeichen, wo immer er auftritt: *»Als er aber die Volksmengen sah, wurde er innerlich bewegt über sie, weil sie erschöpft und verschmachtet waren« (Matthäus 9,36).*

Mit den Worten »innerlich bewegt«, man könnte auch »aufgewühlt, zutiefst mitfühlend« sagen, wird sein Umgang mit den Menschen immer wieder beschrieben. Hier sehen wir Jesus in seinem Element – für die Kranken ist er gekommen, nicht für die Gesunden. Er ist der Freund der Sünder und der Hilfesuchenden. Wer in demütiger Anhänglichkeit zu ihm kommt, kann damit rechnen, fest ans Herz Gottes gedrückt zu werden und erhobenen Hauptes zurück in den Alltag zu gehen.

Gleichzeitig hat Jesus die Konfrontation nicht gescheut. Im Dienst der Nächstenliebe leidenschaftlich und furchtlos zu sein – auch das gehört zu seiner Sanftmut. Zornig ist Jesus manchmal sehr wohl, aber nie im Ringen um eigene Vorteile. Er tritt eifersüchtig für die Ehre Gottes ein, ist aufgebracht, wenn geistliche Verantwortliche den Nöten der Menschen, die ihnen anvertraut sind, völlig gleichgültig begegnen. *»Und als Jesus aus dem Boot trat, sah er eine große Volksmenge und wurde innerlich bewegt über sie; denn sie waren wie Schafe, die keinen Hirten haben« (Markus 6,34).*

Als sein eigenes Leben zunehmend in Gefahr gerät, als seine Peiniger ihn schließlich einkreisen und die Worte »Kreuzige ihn!« im Chorus schreien, wehrt er sich nicht. *»Als er gemartert ward, litt er doch willig und tat seinen Mund nicht auf wie ein Lamm, das zur Schlachtbank geführt wird; und wie ein Schaf, das verstummt vor seinem Scherer, tat er seinen Mund nicht auf« (Jesaja 53,7; LUT).* So sieht Kraft unter Kontrolle aus.

Sanftmut wird nahe am Thron Gottes gelernt, zu seinen Füßen, in unseren täglichen Bemühungen, den Blickkontakt zu ihm zu halten und in seinem Sinne zu handeln. *»Im Herrn soll sich rühmen meine Seele«*, spricht David zu sich selber (Psalm 34,3), *»hören werden es die Sanftmütigen und sich freuen.«* Mit anderen Worten, das willige, auf Gott gerichtete Herz ist das Herz, das auf das Wort Gottes hört und achtet, sich vom Wesen und von den Wegen des Herrn prägen und formen lässt.

Gerade dazu hat Jesus uns eingeladen: *»Nehmt auf euch mein Joch und lernt von mir; denn ich bin sanftmütig und von Herzen demütig; so werdet ihr Ruhe finden für eure Seelen. Denn mein Joch ist sanft, und meine Last ist leicht« (Matthäus 11,29-30; LUT).*

Insbesondere die Männer, die in Jesu innerstem Kreis drei Jahre lang mit ihm zusammenlebten, haben sich diese Aufforderung zu Herzen genommen: Petrus, Jakobus und Johannes. Wer sie am Anfang ihrer Zeit mit Jesus kennengelernt hätte, hätte sie genauso wenig mit dem Wort »sanft« in Verbindung gebracht wie Mose. Jakobus und Johannes wurden sogar als »Donnersöhne« bezeichnet – nicht gerade vielversprechend für eine Schulung, die die Nachahmung des Charakters Christi zum Ziel hat.

Petrus hatte am Anfang seines Weges mit Jesus eine ähnliche Ausgangsposition wie Mose. Er war voll jugendlichem Eifer, Idealismus, Tatendrang; er war ein Weltverbesserer, der geistliche Aktivist vom Fach. Aber auch Petrus findet sich in der Schule Gottes wieder und ist am Ende seiner Laufbahn kaum wiederzuerkennen.

Petrus – der Aktivist, der zum Hirten wird

- »Zeigt sich respektvoll und höflich gegenüber allen Mitmenschen«
- »Zeigt sich hilfsbereit in der Gemeinschaft«
- »Befolgt Klassen- und Schulregeln«
- »Ist in der Lage, Konflikte friedlich zu lösen«
- »Geht mit Erfolgen und Misserfolgen angemessen um«
- »Folgt den Arbeitsanweisungen eigenständig und sorgsam«

So lauten die Rubriken, anhand derer ich als Fachlehrerin das Sozial- und Arbeitsverhalten eines Grundschülers am Ende des Schuljahres beurteilen muss. Dazu muss ich in jeder Zeile zwischen »voll zutreffend« und »nicht zutreffend« ein kleines Kreuz setzen.

Petrus, der Mann an der Spitze der Mannschaft, die die Welt auf den Kopf stellen sollte, hätte in einem modernen Schulzeugnis nirgendwo den Vermerk »zutreffend« bekommen. Im Gegenteil. Respektvoll und höflich? Nicht in dem Moment, als er versuchte, Jesu Gang zum Kreuz zu verhindern. Hilfsbereit in der Gemeinschaft? Schon, aber wohl eher nach eigenem Gutdünken, wo es ihm passte eben. Friedlich im Lösen von Konflikten? Wenn man jemandem ein Ohr abhackt, um ihn auszuschalten? Na ja.

Befolgte Petrus Regeln? Als er mit den anderen Männern im Team unerlaubterweise Körner aus dem reifen Getreidefeld »snackte«, waren die religiösen Leiter nicht gerade beeindruckt. Erfolge hat Petrus wohl überdurchschnittlich gut verkraftet, Misserfolge weniger gut.

Anweisungen befolgen? Das konnte er – zwar manchmal unter Protest, aber der *einen* entscheidenden Anweisung folgte Petrus ohne Wenn und Aber: *»Sie (Petrus, Johannes und Jakobus) brachten die Boote ans Land und verließen alles und folgten ihm nach« (Lukas 5,11; LUT).* Ohne lange zu überlegen, ließen er und seine Freunde alles zurück – ihre Fischerboote, ihre Netze und alles Werkzeug, das zu ihrem Beruf gehörte, und schlossen sich Jesus an. Noch hatte Petrus keine Ahnung, was diese Nachfolge beinhalten würde. Vielleicht spürte er Abenteuerlust, hatte Träume von Heldentum und Weltveränderung? Messianische Hoffnungen – die Sehnsucht nach einem Israel, das vom Joch der römischen Unterdrückung befreit war? Vermutlich eine Mischung aus alldem.

Dass Jesus aus diesen rauen Burschen reife, weise, sanftmütige Hirten machen würde und mit ihnen die bahnbrechendste Bewegung der Menschheitsgeschichte einleiten würde, stand für sie bestimmt nicht auf dem Programm. Zumindest anfänglich nicht. Sie waren auf Kraft aus, nicht auf Demut.

Der Gestank der Fischerei

»Warum mein Glaube eine theologische Weiterbildung benötigt« – mit diesem Schlagwort machte eine theologische Bildungsstätte für freie Plätze im neuen Semester Werbung. Der Verantwortliche für Marketing beendete seinen Werbespot mit der Aussage: »Ich bin wirklich stolz und dankbar, in der Zunft der theologischen Bildung unterwegs sein zu dürfen.« Wie ein guter Marketingexperte vermittelte er das Gefühl, dass einem eindeutig etwas fehlen würde, wenn man sich nicht sofort für seine Bibelschule bewarb. Er suggerierte: Nur Experten sollten das Wort Gottes auslegen.

Komisch. Jesus hat keinen einzigen Experten in seiner Mannschaft, und er macht sich nicht zu den Rabbinerschulen auf, um Kandidaten für sein Team zu suchen. Er vertraut den Startschuss seiner Kirche einer Gruppe von »fachfremden« Nicht-Akademikern an, bodenständigen Männern, die wenig Ansehen in der Gesellschaft haben. Er marschiert an den Torhütern der damaligen Kultur, der politischen und religiösen Elite, den Meinungsmachern, den Bürokraten dieser Welt vorbei, ohne sie eines Blickes zu würdigen. Er klügelt keine Strategien aus, betreibt kein Brainstorming, um den kulturellen Mainstream seiner Zeit anzuzapfen. Er ist auf Charakter und Glauben aus, nicht auf Bildung.

Ohne Frage: Gute, auf die Bibel gegründete Theologie gehört zum Handwerk jedes Mitarbeiters im Reich Gottes. Aber die ersten Nachfolger Jesu umweht nicht der ehrwürdige Duft akademischer Hörsäle. Sie laufen nicht sauber rasiert und im Anzug durch die Gegend, mit wichtig aussehenden Akten unter dem Arm. Ihre Welt ist der Gestank der Fischerei – der Geruch nach Algen und toten Fischen. Knarrende Bretter im Boot, Draußensein bei Wind und Wetter, Schürfwunden an den Händen. Durchwachte Nächte, knochenharte Arbeit. Es ist ein Leben mitten im ganz gewöhnlichen

Alltag. Es stinkt nach den schwitzenden Körpern hart arbeitender Männer. Die Frauen versuchen, zu Hause über die Runden zu kommen, während die Männer nachts auf Fischfang gehen, um Brot auf den Tisch zu bringen. Gerade aus dieser Welt heraus lernen sie, was es bedeutet, demjenigen zu folgen, der »sanft« und »von Herzen demütig« ist.

Petrus hat von Anfang an eindeutige Führungskompetenzen. Er scheint mit seiner starken Persönlichkeit automatisch Vorrang im Team Jesus zu haben, der Wortführer der Gruppe zu sein. Wann immer die Jünger aufgelistet sind, wird Petrus als Erster genannt, zum Beispiel in Matthäus 10,2-4: *»Die Namen der zwölf Apostel aber sind diese: der erste Simon, der Petrus genannt wird …«* (siehe auch Markus 3,16; Lukas 6,14; Apostelgeschichte 1,13). Petrus erlebt, genau wie Mose bereits Hunderte von Jahren zuvor, dass Gott sehr wohl in der Lage ist, natürliche Talente und die Elemente einer bewegten Lebensbiografie zu nehmen, sie zu heiligen und zum Bau seines Reiches einzusetzen.

Gerade die Jünger – diese rauen Männer – sind es, die durch die Gnade Gottes die Mission treu durchführen bis zum Schluss, den Glauben behalten und die Ernte einfahren. Das Evangelium braucht keine weltliche Hilfe, um vorangetrieben zu werden. Es braucht keine Titel, kein Geld, keine Strategien, keinen Status, keine kulturelle Akzeptanz. Das Evangelium ist die Kraft Gottes zum Heil (Römer 1,16).

Die harte Charakterschule, die die Jünger bei Jesus durchmachen, befähigt sie schließlich, Vertreter einer Theologie zu werden, die nur in der Nachfolge Jesu gelernt werden kann. Außerdem hinterlassen sie Schriften, die schließlich die Urquelle aller Theologie werden, die es seitdem gibt. Es ist kein Zufall, dass vor allem Petrus nach und nach die gleiche Kombination von Klarheit und Barmherzigkeit ausstrahlt wie Jesus. In seinen Briefen spürt man, wie sehr das Zusammensein mit Jesus – die Schule der Sanftmut – ihn verwandelt hat:

- Der, der in einem entscheidenden Moment das Schwert in die Hand nahm und einem Diener der Tempelgarde das Ohr abschnitt, schreibt rückblickend über Jesus: »... *der, geschmäht, nicht wieder schmähte, leidend, nicht drohte, sondern sich dem übergab, der gerecht richtet« (1. Petrus 2,23).*
- Der, der Jesus einmal drängte, den Weg des Kreuzes gegen den Weg des Erfolges einzutauschen, schreibt an seine Freunde: *»Denn hierzu seid ihr berufen worden; denn auch Christus hat für euch gelitten und euch ein Beispiel hinterlassen, damit ihr seinen Fußspuren nachfolgt« (1. Petrus 2,21).*
- Der, der immer lautstark seine Meinung verkündete, auch mal die Hände zu Fäusten ballen konnte, wenn ihm etwas nicht passte, und der sich selber maßlos überschätzt hat, ermahnt seine Glaubensgeschwister: *»Endlich aber seid alle gleich gesinnt, mitleidig, voll brüderlicher Liebe, barmherzig, demütig, und vergeltet nicht Böses mit Bösem oder Beschimpfung mit Beschimpfung, sondern im Gegenteil segnet, weil ihr dazu berufen worden seid, dass ihr Segen erbt!« (1. Petrus 3,8-9).*

Eine Kultur der Sanftmut

Sanftmut teilt mit den anderen Früchten des Geistes eine Voraussetzung, ohne die kein Wachstum der Geistesfrüchte möglich wäre: die Absage an jeden Wunsch, das Leben selber meistern zu wollen. Manchmal werden wir durch die Umstände des Lebens dazu gezwungen, die Kontrolle abzugeben und Gottes Herrschaft zuzulassen. Besser ist es jedoch, von vornherein auf die Anweisungen Jesu zu achten und diese Kontrolle freiwillig abzugeben. Nicht nur Petrus, sondern auch andere Diener Gottes, die intensiv mit dem Herrn gelebt haben, geben uns Hinweise, wie die Frucht der Sanftmut bei uns Raum zum Wachsen finden kann.

»Demütigt euch vor dem Herrn! Und er wird euch erhöhen«, schreibt Jakobus, der Bruder des Herrn, in seinem Brief an die Urgemeinde (Jakobus 4,10). Am Anfang seines Briefes beschreibt er das hörende Herz eines Jüngers Jesu, der diese Aufforderung ernst nimmt: *»Jeder Mensch sei schnell zum Hören, langsam zum Reden, langsam zum Zorn! Denn eines Mannes Zorn wirkt nicht Gottes Gerechtigkeit. Deshalb legt ab alle Unsauberkeit und das Übermaß der Schlechtigkeit, und nehmt das eingepflanzte Wort mit Sanftmut auf, das eure Seelen zu retten vermag!« (Jakobus 1,19-21).*

Paulus, der prominenteste Lehrer der ersten Gemeinde, ist fürsorglich und mütterlich im Umgang mit seinen Glaubensgeschwistern, aber auch klar in der Ausrichtung. Genauso wie sein Meister. *»Ich selbst aber, Paulus, ermahne euch durch die Sanftmut und Milde Christi, der ich ins Gesicht zwar demütig unter euch, abwesend aber mutig gegen euch bin« (2. Korinther 10,1).*

Wenn wir unsere Mitmenschen zurechtweisen müssen, dann ist die Art und Weise entscheidend, wie wir es machen. Paulus gibt auch dazu praktische Tipps: *»Brüder und Schwestern, wenn ein Mensch etwa von einer Verfehlung ereilt wird, so helft ihm wieder zurecht mit sanftmütigem Geist, ihr, die ihr geistlich seid. Und sieh auf dich selbst, dass du nicht auch versucht werdest« (Galater 6,1; LUT).*

Ich selbst musste immer wieder zu meinem Leidwesen erleben, dass Sanftmut nicht von alleine wächst. Nicht in den friedlichen Zeiten findet sie ihre Chance, sondern in den turbulenten Zeiten. Wenn alles in mir tobt, wenn ich bis zum Anschlag belastet und gereizt bin, dann darf ich mit der Hilfe des Heiligen Geistes damit rechnen, die Frucht »Sanftmut« sichtbar werden zu lassen. Beispielsweise dadurch, dass ich liebevoll und geduldig reagiere, wenn ich innerlich wütend bin, weil jemand sein Versprechen nicht gehalten hat oder mich verletzt hat. Oder dass ich ruhig bleibe, wenn ich das Gefühl habe, alle wollen was von mir und niemand will sehen, dass ich vor lauter Forderungen am Umkippen bin. Oder wenn ein Kind, jemand im Organisationsteam oder ein Kollege schon wieder den Fehler macht, den er künftig vermeiden wollte, und ich keine Lust auf eine erneute Aussprache habe.

Eigentlich ist es recht einfach mit dieser Frucht des Geistes. Der Ausgangspunkt bleibt immer der gleiche: Wie ich behandelt werden möchte, muss ich andere behandeln. Wie dankbar bin ich, wenn meine Freunde rücksichtsvoll und sanft mit mir umgehen! Wenn sich ein Kollege liebevoll Zeit für mich nimmt und mir erst nachher peinlich bewusst wird, dass er eigentlich viel Wichtigeres zu tun gehabt hätte. Wenn ich den Namen von jemandem vergesse, den ich eigentlich kennen sollte, und diese Person gnädig ist und mir verzeiht. Wenn ein Veranstalter Verständnis zeigt, dass ich nicht immer den gewünschten Termin wahrnehmen kann. Wenn ich todmüde bin und mein Mann mir eine Tasse Kaffee bringt.

Das Wort Gottes ist voller Ermutigungen, genau die Dinge für andere zu machen, die uns selber so guttun. Im Epheserbrief mahnt Paulus, dass ich die anderen in Liebe und Sanftmut ertragen soll (Epheser 4,2). Jakobus erinnert mich daran, dass *»Sanftmut und Weisheit«* ein Zeichen von Klugheit sind (Jakobus 3,13). Im Timotheusbrief fordert Paulus Timotheus auf, unter anderem der Sanftmut *»nachzujagen«* – also aktiv in der Pflege dieser Charaktereigenschaft zu sein (1. Timotheus 6,11; LUT). Jakobus empfiehlt zudem, dass wir das Wort Gottes mit Sanftmut aufnehmen sollen (1,21) – also belehrbar sein sollen –, und im Kolosserbrief ist Sanftmut wiederum eine Eigenschaft, die wir »anziehen« sollen – zusammen mit Erbarmen, Freundlichkeit, Demut, Geduld (Kolosser 3,12; LUT).

»Letztendlich lernen wir die Bedeutung von Sanftmut nicht aus Wörterbüchern, sondern indem wir den einen ansehen, der selbst der Maßstab für Sanftmut ist«, schreibt Larry McCall in seinem Andachtsbuch.[30]

Wie mit allem, was mit dem Charakter Christi in uns zu tun hat, muss auch diese Eigenschaft, in der Bildersprache von Paulus, »angezogen«, also absichtlich gepflegt werden. Das ist eine gute Nachricht. Das bedeutet, dass ich mich mit der Hilfe Gottes ändern kann und sanftmütig werden kann, wie Jesus. Ich darf lernen, mich selber zu regulieren, rechtzeitig zu erkennen, was ich verkrafte und was nicht, dafür zu sorgen, dass meine Mitmenschen nicht unter meiner schlechten Laune leiden müssen. Empathie und Sensibilität für andere kann man üben, auch und gerade dann, wenn man selber einen schlechten Tag hat.

Sanftmut in unserem Dienst für den Herrn

»Wir tendieren zum Gefühl, dass wir nur dann Gutes in der Welt bewirken, wenn wir stark sind, wenn wir im aktiven Dienst stehen, wenn unsere Herzen und Hände mit guten Werken überfließen. Wenn wir hingegen auf die Seite gerufen werden und nichts tun außer leiden; wenn wir krank sind; wenn wir vor Schmerz stöhnen; wenn alle Aktivitäten auf Eis gelegt werden – dann haben wir das Gefühl, dass wir niemandem mehr von Nutzen sind, dass wir zu nichts in der Lage sind.

Aber wenn wir geduldig und vertrauend bleiben, können wir mit voller Gewissheit erwarten, dass wir in unserem Schmerz und Leid ein größerer Segen für die Welt sind als in den Zeiten, in denen wir meinten, hart zu arbeiten. Wenn wir vertrauend auf Jesus leiden, brennen wir. Und wenn wir brennen, leuchten wir.«

Diese Worte schrieb ein Missionar, dessen Frau plötzlich an Krebs erkrankt war, Ausgang ungewiss. Sanftmut ist das, was geschieht, wenn die Dinge, mit denen ich mir bei meinen Mitmenschen Eindruck verschaffen könnte, auf Eis gelegt werden und ich mich entschieden habe, mich auf Gott zu werfen, anstatt bitter zu werden. Dazu muss nicht erst so etwas Gravierendes wie eine Krankheit oder ein Schicksalsschlag eintreten. Sondern diese Haltung kann schon in den kleinen Reibereien eines ganz normalen Alltags eingeübt werden.

Befreit von dem Fluch, in eigener Kraft stark sein zu wollen

Vor einiger Zeit habe ich folgende Gedanken in meinem Tagebuch festgehalten: »Ein Hoch auf Uncoolness. Mit dem Druck, mit meiner Arbeit beeindrucken zu wollen, mache ich hiermit offiziell Schluss. Geistlicher Dienst ist nicht dazu da, toll gefunden zu werden. Gemeinde muss die Leute nicht unterhalten, muss nicht besser, voller, professioneller sein als alle anderen. Gemeinde besteht aus gebrochenen Menschen, die anderen gebrochenen Menschen helfen, auf die Beine zu kommen. Unterhaltung und Erlebnisse bieten, das können andere besser. Immer mehr wächst in mir das Verlangen, an nichts anderem mehr Freude zu finden als daran, nach dem Gottesdienst ein wenig herumzugehen, Menschen zu begrüßen, Small Talk zu machen, einen Blick in den Kinderwagen zu werfen, um zu schauen, wie sehr der Säugling seit letzter Woche gewachsen ist, Kaffee zu trinken, Sorgen zu teilen. Präsent zu sein und mich zu freuen, dass andere präsent sind.

Ja, ich will für den Herrn etwas ausrichten, ich will arbeiten, einen Unterschied machen, Pläne schmieden, Menschen anfeuern, das Gleiche zu tun. Aber ist das einfache Zusammenleben in einer Community nicht der wichtigste Dienst, den es geben kann? Versuchen, mir Namen zu merken, den Geschichten der Menschen zu lauschen, meine Geschichte zu erzählen, mit anderen zu essen und zu trinken, anderen die Hand zu geben, sie anzulächeln, ihnen zu vermitteln, so wie ich es nur kann, nicht nur, dass ich sie mag, sondern dass ich sie liebe.«

ZUM NACHDENKEN

Gibt es in meinem Umgang mit anderen Menschen Ecken und Kanten, die durch die Frucht der Sanftmut ersetzt werden sollten? Wie kann ich konsequenter von Jesus lernen, der sanftmütig und von Herzen demütig ist?

9. ENTHALTSAMKEIT:

Die vergessene Kunst der Selbstbeherrschung

Paulus rundet seine Liste der Früchte des Geistes mit der bodenständigen Frucht der Selbstbeherrschung ab. Wie uncool ist denn das! Vorbei sind die Höhenflüge der Liebespoesie und die Träume von herzerwärmender Nächstenliebe, die die anderen Früchte in unserer Seele hervorrufen können. Die Schlussnote ist alles andere als attraktiv, erweckt Bilder von einem in Grau gekleideten Oberlehrer mit erhobenem Zeigefinger oder vom missmutigen Kopfschütteln einer strengen Sonntagsschullehrerin, nachdem du zu laut gelacht hast. Oder von den mahnenden Worten meiner strengen Mutter, wenn eine ihrer Töchter gekränkt war und mit einem Schmollmund auf Miesepeter machte. »Snap out of it, child!« (Reiß dich zusammen, Kind!) war ihr Standardrüffel, wenn unsere schlechte Laune ihre Nerven zu sehr strapazierte.

Paulus' Aufforderung zu Selbstbeherrschung ist weniger ein Mahnruf als vielmehr eine abschließende Erinnerung daran, dass *wir* es in der Hand haben, wie viel Raum wir dem Wirken des Heiligen Geistes in unserem Leben geben. Wir sind nicht der Willkür eines vermeintlichen Schicksals ausgeliefert. Die Dinge, die uns im Leben passieren, können wir nicht immer kontrollieren, aber wie wir auf sie reagieren, sehr wohl. Wir können uns selber regulieren, uns entscheiden, das Richtige zu tun, die Weichen dafür stellen, dass der Charakter Christi in uns sichtbar werden kann, den Boden unseres Herzens bearbeiten, damit seine Früchte gedeihen können.

Selbstbeherrschung ist der Schalter, den ich in Entscheidungsmomenten betätigen kann, über den ich ganz allein verfüge. Gott macht die Arbeit nicht für mich. Will ich liebevoll reagieren oder ausrasten? Laut schimpfen oder den Mund halten? »Danke« sagen oder etwas als selbstverständlich hinnehmen? Mich rechtzeitig aus der Situation ausklinken oder der Versuchung nachgeben und mich gehen lassen? Selbstbeherrschung ist die Klugheit eines Menschen, der sein Leben vom Ende her gestaltet und deshalb in der Lage ist, auf eine kurzfristige Befriedigung zu verzichten, um ein langfristiges Ziel zu erreichen. Wie der Sportler, der »Nein« zu Pommes und Steak sagt, weil ihm die Aussicht auf die Siegestrophäe wichtiger ist als der momentane Genuss eines fettreichen Essens.

Paulus verwendet genau diesen Vergleich in seiner Beschreibung des geistlichen Kampfes, in dem wir täglich stehen: *»Jeder aber, der kämpft, ist enthaltsam in allem; jene freilich, damit sie einen vergänglichen Siegeskranz empfangen, wir aber einen unvergänglichen. Ich laufe nun so, nicht wie ins Ungewisse; ich kämpfe so, nicht wie einer, der in die Luft schlägt; sondern ich zerschlage meinen Leib und knechte ihn, damit ich nicht, nachdem ich anderen gepredigt habe, selbst verwerflich werde« (1. Korinther 9,25-27).*

Die Frucht der Selbstbeherrschung ist das fleißig geübte, entschiedene »Nein« zu den billigen und vergänglichen Freuden dieser Welt, um der größeren Freude der himmlischen Welt auf die Spur zu kommen. Mose verstand die Wichtigkeit von Selbstbeherrschung. Er weigerte sich, *»als er groß geworden war, ein Sohn der Tochter Pharaos zu heißen, und zog es vor, lieber zusammen mit dem Volk Gottes geplagt zu werden, als den zeitlichen Genuss der Sünde zu haben, indem er die Schmach des Christus für größeren Reichtum* *hielt als die Schätze Ägyptens; denn er schaute auf die Belohnung« (Hebräer 11,24-26).*

Jesus war ein Meister der Selbstbeherrschung. Dies zeigte sich, als er in der Wüste den Verlockungen des Feindes widerstand, seinen körperlichen Bedürfnissen eine Absage erteilte und die Versuchung von sich wies, seinen Status als Messias auf eigene Faust zu beweisen und den Weg des Kreuzes zu umgehen.

Die kleinen Wunsch-Erfüller

Ein *Daruma* ist ein kleiner Glücksbringer aus Japan, eine süße Figur aus Plastik oder Porzellan, die bei der Erfüllung von Wünschen helfen soll. Es funktioniert ganz einfach: Man richtet einen Wunsch an den Daruma, malt eines seiner beiden Augen an, wenn der Wunsch in Erfüllung geht, und stellt ihn an einem Ort auf, an dem man ihn möglichst oft sieht. Wenn beide Augen angemalt sind, ist es Zeit, einen neuen Daruma zu kaufen. Je mehr Darumas deine Regale schmücken, desto glücklicher bist du.

Der Daruma verspricht Erfolg in jedem Lebensbereich. Endlich der Freund oder die Freundin, die wie aus dem Nichts auftaucht. Das neue Styling, das mich endlich hübsch macht, die schönen Klamotten, die tolle Figur, die Eins in Mathe, der super Job, die ersehnte Beförderung, die Einladung zu der begehrten Party. Endlich habe ich, dank meinem Daruma, die spritzige Persönlichkeit, die mir einen festen Platz auf der Partymeile garantiert, endlich kann ich auch Witze erzählen, die alle zum Lachen bringen, endlich spiele ich in der Oberliga der beliebten Persönlichkeiten mit.

Die Welt ist voll von verlockenden Wunsch-Erfüllern, die Glück und Erfolg versprechen und darauf warten, angemalt und vorgezeigt zu werden, wie kleine Götter, die ihre Verehrer mit dem

Hollywood-Traum von ewiger Schönheit und bleibendem Reichtum beglücken. Fitnesstraining, Ecstasy, Pornografie, Sex, Drogen, Internet- und Social-Media-Süchte: Hauptsache, ich komme zu ein paar Glücksgefühlen, ein paar »Likes« und Herzchen, die mir das Gefühl geben: »Ich habe ihn gefunden – den echten Wunsch-Erfüller, den ultimativen Pfad zum Glück!«

Es ist natürlich kein Geheimnis, wie es mit den Wunsch-Erfüllern dieser Welt meist ausgeht. Sie laden zu ungebremsten Exzessen ein und erfüllen letztlich gar keine Wünsche. Die Suche nach dem Topf voller Gold, der sich am Fuß des Regenbogens befinden soll, führt schließlich – ins Nichts. Wünsche nach Geld, Glück in Partnerschaft und Karriere enden vor dem Scheidungsrichter, im Burn-out, in der Psychiatrie. In den teuren Markenklamotten sehe ich letztendlich auch nicht hübscher oder jünger aus als vorher. Sex mit dem begehrten Partner oder der begehrten Partnerin bringt doch nicht die bleibende Wonne, die ich mir ausgemalt habe. Die Therapie, die Tabletten, das Seminar, die neue Gemeinde, das moderne Handy, die neue Frisur, die Eins in der Deutschklausur, der Studienplatz, das coole Auto … Ich erlebe kurze Glücksmomente, womöglich Bewunderung und Neid seitens meiner Bekannten, und dann? Immer dieses böse Erwachen, nachdem ich gedacht habe: Endlich bin ich angekommen, endlich habe ich das, was meinem Leben einen Sinn gibt.

Gottes Mittel gegen unsere Frustration

Selbstbeherrschung ist Gottes Angebot an uns, den Betrug der vermeintlichen Wunsch-Erfüller zu entlarven und wahres Glück in der Beziehung zu *ihm* zu finden. Dabei geht es Gott um unsere Freiheit, nicht um Einschränkungen. In seinem Brief an die Gemeinde in

Rom ist es Paulus wichtig, mit den Missverständnissen aufzuräumen, die diesbezüglich oft vorherrschen: »*Denn als wir im Fleisch waren, wirkten die Leidenschaften der Sünden, die durch das Gesetz erregt wurden, in unseren Gliedern, um dem Tod Frucht zu bringen. Jetzt aber sind wir von dem Gesetz losgemacht, da wir dem gestorben sind, worin wir festgehalten wurden, sodass wir in dem Neuen des Geistes dienen und nicht in dem Alten des Buchstabens« (Römer 7,5-6).*

Paulus richtet seine Mahnung an diejenigen, die Gottes Wort immer wieder auf ein trockenes Regelwerk reduzieren wollen, auf eine Liste von Verboten und Imperativen, auf den erhobenen Zeigefinger und den verkrampften Versuch, in eigener Kraft recht und ordentlich zu leben. Warum fallen wir immer wieder darauf herein, wenn Gott uns doch auffordert, »in dem Neuen des Geistes« zu dienen »und nicht in dem Alten des Buchstabens«?

Wahrscheinlich, weil es einfacher ist, To-do-Listen abzuhaken, als die lebensverändernde Nähe Gottes zu suchen. Weil es, kurzfristig gesehen, befriedigender ist, das Gefühl zu haben: »Seht ihr? Ich bin in Ordnung! Ich habe mich und mein Leben im Griff. Ich kleide mich richtig, ich besuche die richtigen Versammlungen, meine Gebete sind korrekt, meine Kinder gut erzogen, ich tue was fürs Klima, ich bin tolerant.«

Paulus macht in seinem Brief an die römischen Christen klar: Wer zu sehr von Äußerlichkeiten, Gesetzen und Regeln besessen ist, wer sich bemüht, auf eigene Faust selbstbeherrscht zu leben, und diese Gesetze zur Messlatte eines gottgefälligen Lebens macht, ist erst recht anfällig für genau die Sünden, die er versucht zu vermeiden. Die Auswirkungen dieser Haltung haben mit der Frucht des Geistes absolut nichts zu tun.

Selbstbeherrschung darf nicht mit Gesetzlichkeit verwechselt werden. Gesetzlichkeit ist der vergebliche Versuch, Gott durch eine selbst gemachte, fromme Sittlichkeit zu gefallen. Ein wahrhaftig selbstbeherrschter Lebensstil muss vom Heiligen Geist bewirkt und gesteuert sein. Ich gehorche, weil ich Gott liebe; ich halte seine Gebote, nicht weil ich mir selbst, ihm oder anderen Menschen etwas beweisen muss, sondern weil ich sie halten will, weil ich nicht anders kann. Es ist die Frucht des Geistes, nicht des Buchstabens.

Auf diesen Kontrast weist Paulus in seinen nächsten Gedanken über Gesetz und Geist hin: *»So seid auch ihr, meine Brüder, dem Gesetz getötet worden durch den Leib des Christus, um eines anderen zu werden, des aus den Toten Auferweckten, damit wir Gott Frucht bringen« (Römer 7,4).* Pfarrer und Evangelist Ulrich Parzany erklärt in seinem Buch *Man muss Gott mehr gehorchen als den Menschen:* »Wenn wir durch Jesus versöhnte Kinder Gottes sind, sind die Gebote Gottes für uns die wichtigsten Lebensregeln. Indem wir sie halten, leben wir aus Dankbarkeit zur Ehre Gottes und zur Hilfe für Menschen.«[31]

Um auf das Glück dieser Welt verzichten zu können, muss ich ein höheres Glück vor Augen haben. Dieses Thema hat uns durch diese Studie hindurch begleitet. Ich verzichte auf eine Sache, weil ich eine größere Sache vor Augen habe. Zachäus streut mit Freude Geldscheine unters Volk – nicht, weil er muss oder weil er sich verkrampft um die Tugend der Selbstbeherrschung bemüht, sondern weil er gerade Jesus selbst bei sich zu Besuch hatte. Sein Handeln ist inspiriert von einer direkten, lebensverändernden Begegnung mit dem lebendigen Herrn. Die Frucht wächst, weil die Wurzel in gesundem Boden Nahrung gefunden hat.

Die Frau, die beim Ehebruch ertappt und durch das Eingreifen Jesu aus den Händen ihrer Peiniger befreit wird, nimmt Jesu Worte *»Gehe hin und sündige nicht mehr«* vermutlich mit immenser Erleichterung auf. Der Versuch, in Beziehungen zu Männern einen Sinn im Leben zu finden, ist passé. Sie hat eine bessere Liebe entdeckt, eine neue Selbstbeherrschung, die vom Geist Gottes gewirkt, von der Liebe zu Jesus beflügelt ist.

Jeder, der Selbstbeherrschung als Frucht des Geistes aufweist, zeigt damit, dass er es nicht mehr nötig hat, ein Kontrollfreak im eigenen Leben zu sein. Wer Jesus liebt, wird seine Gebote halten – *seine* Gebote, nicht einen selbst gemachten Cocktail von irgendwelchen Anweisungen und Regeln. Es ist ein Vertrauensvotum: Ich setze auf die Fähigkeit Gottes, mich zu versorgen, also muss ich mich nicht mehr selber versorgen. Gott kann es besser. Ich kann »Nein« sagen, wenn es bequemer wäre, »Ja« zu sagen. In Wirklichkeit ist Selbstbeherrschung nichts anderes als die Erkenntnis eines vernünftigen Menschen, dass die Glücksbringer dieser Welt nicht erfüllen, was sie versprechen, und dass es klüger ist, auf Gottes Gegenentwurf zu setzen. *»Denn Gott hat uns nicht einen Geist der Furchtsamkeit gegeben, sondern der Kraft und der Liebe und der Zucht« (2. Timotheus 1,7).*

Die Auswirkungen von Selbstbeherrschung

Letztes Jahr im Frühjahr flog ich nach Sofia, Bulgarien, wo meine Tochter in der Deutschen Botschaft einen Posten hat. An einem Tag besuchten wir eine der spektakulärsten Sehenswürdigkeiten Bulgariens, das Rila-Kloster, ein beliebtes touristisches Ausflugsziel in einem idyllischen Tal des Rila-Gebirges, etwa 120 km von Sofia entfernt. Das Kloster wurde im 10. Jahrhundert von dem gottesfürchtigen Einsiedler Johannes von Rila[32] gegründet. Die atemberaubenden Wandmalereien, die die Außen- und Innenwände des historischen Baus zieren, stellen den gesamten Heilsplan Gottes in Bildform dar, beginnend mit 1. Mose und endend mit der verheißenen Wiederkunft des Herrn gemäß der Offenbarung.

So faszinierend dieses Zeugnis eines missionarischen Aufbruchs in Osteuropa ist – noch interessanter ist der Lebensstil des Mannes, der diesen Aufbruch ausgelöst hat. Ich erschauderte kurz, als ich den Schnee auf dem Berggipfel sah und dachte: »Wenn es im März hier noch so kalt ist …« Denn Johannes von Rila verbrachte sage und schreibe zwölf Jahre in einer Höhle, ernährte sich von Beeren und Gräsern und widmete sein Leben der Aufgabe, die Nähe und das Wirken Gottes mit Beten und Fasten zu suchen. Als immer mehr Leute kamen und sich ihm anschlossen, gründete er das berühmte Kloster, das erstaunlicherweise als einziges christliches Werk fünfhundert Jahre bedrückende osmanische Herrschaft überlebte und bis heute ein Haus des Gebets ist.

Ich bin kein sentimentaler Typ, wenn es um heilige Orte geht. Normalerweise lassen weder alte Ikonen noch Wandmalereien mein Herz höherschlagen. Aber dieser Ort hat mich tief berührt. Der Gedanke, dass ein Diener Gottes lange vor der Zeit der Reformation bereit war, allem zu entsagen und jahrelang Gott zu suchen, brachte mich zum Nachdenken. Kein Familienleben, keine Annehmlichkeiten, kein Haus, keine Hobbys. Haben seine Mühen und seine Opfer etwas bewirkt? Vielleicht das Wunder, dass nicht nur sein Kloster, sondern auch das bulgarische Volk als Ganzes einem halben Jahrtausend militanter islamischer Fremdherrschaft standhielt, ohne sich geistlich und ideologisch dieser Herrschaft zu beugen? Dass Tausende von Pilgern auch heute noch das biblische Geschehen in Bildform bestaunen und an das Zeugnis dieses Mannes erinnert werden?

Eines steht fest: Wenn Gott uns in irgendeinem Bereich Verzicht und Opfer abverlangt, dann dient es einem größeren Zweck, den wir selbst nicht immer gleich erkennen. Ein »Nein« von Gott in unserem persönlichen Leben bedeutet irgendwo in seinem Plan ein viel größeres »Ja«.

Das fatale Experiment

Eine traurige Gestalt im Alten Testament fand das Konzept von Selbstbeherrschung völlig abwegig. Dabei wäre gerade dieser Mann schlau genug gewesen, um es besser zu wissen. Er galt als der klügste Mann aller Zeiten, stand an der Spitze der IQ-Liga. In den späteren Jahren seines Lebens, das kaum Leid und Not kannte und keine Resilienz gegen Sünde aufgebaut hatte, gab er sich ungebremster Zügellosigkeit hin. In einem Rausch der Selbstbedienung gönnte er sich jedes Vergnügen, das an seinem gierigen Blick vorbeischwebte. Dieses fatale Experiment protokollierte er mit ungeschminkter Ehrlichkeit in dem Buch »Prediger«.

Unter den Vergnügungen, in denen dieser Mann schwelgt, sind viele recht harmlos: Immobiliengeschäfte, Gartenanlagen, Landwirtschaft, Viehzucht, Weinbau, Baumkunde, Wasserleitungen. Hier und da wird seine Suche nach Glück jedoch etwas gefährlicher, und Ansätze von Größenwahn klingen durch: *»Ich beschloss in meinem Herzen, meinen Leib durch Wein zu laben … Ich kaufte Knechte und Mägde und hatte im Haus geborene Sklaven … Ich sammelte mir auch Silber und Gold und Schätze von Königen und Ländern. Ich beschaffte mir Sänger und Sängerinnen und die Vergnügungen der Menschenkinder: Frau und Frauen. Und ich wurde größer und reicher als alle, die vor mir in Jerusalem waren … Und alles, was meine Augen begehrten, entzog ich ihnen nicht. Ich versagte meinem Herzen keine Freude, denn mein Herz hatte Freude von all meiner Mühe, und das war mein Teil von all meiner Mühe« (Prediger 2,3.7-10).*

Wahrscheinlich haben wir es im Buch »Prediger« mit König Salomo zu tun, einem Mann, der den üppigen Segen, den er in jungen Jahren erlebte, irgendwann nicht mehr verkraftete. Er hatte einfach alles, war Multimillionär; jeder küsste den Boden, wenn er vorbeiging; er war die erste Adresse der globalen A-Prominenz seiner Zeit; Gold und Silber waren in seinen Palästen in ähnlichen Mengen anzutreffen wie der Sand an seinen Luxusstränden. Das Traurige an der Geschichte ist: Wie so viele Diener Gottes vor und nach ihm legt er einen guten Start hin. Der Abfall vom Glauben kommt schleichend, unauffällig. Der royale Glückspilz gerät, ohne es selber richtig zu merken, in den Bann des Glamours, der Lustbefriedigung und des Vergnügens, das ihm hemmungslos vor die Füße geworfen wird. Und er scheitert: nicht an seinem Misserfolg, sondern an seinem Erfolg.

Sein Fazit ist herzzerbrechend. Der Mann, der keine Selbstbeherrschung kennt, äußert Klagen, die kaum ergreifender sein könnten: *»Und ich wandte mich hin zu all meinen Werken, die meine Hände gemacht, und zu der Mühe, mit der ich mich abgemüht hatte. Und siehe, das alles war Nichtigkeit und ein Haschen nach Wind. Also gibt es keinen Gewinn unter der Sonne« (Prediger 2,11).*

Eine Sache ist im Reich Gottes gefährlicher als Leid, Not und Versagen: Erfolg. Der dekadente König hätte lieber so beten sollen, wie er es in seinen gottesfürchtigen Jugendjahren formuliert hatte: *»Armut und Reichtum gib mir nicht, lass mich das Brot, das ich brauche, genießen, damit ich nicht, satt geworden, leugne und sage: Wer ist denn der Herr? – und damit ich nicht, arm geworden, stehle und mich vergreife an dem Namen meines Gottes!« (Sprüche 30,8-9).*

Das Volk Israel machte eine ähnliche Entwicklung durch: Es verlor seine Selbstbeherrschung nicht in den schweren Zeiten, sondern in den guten. Aus gutem Grund warnte Mose in seiner Abschiedsrede, kurz vor seinem Tod und vor dem Einzug ins verheißene Land: *»Nimm dich in Acht, dass du den Herrn, deinen Gott, nicht vergisst, indem du seine Gebote und seine Rechtsbestimmungen und seine Ordnungen, die ich dir heute gebe, nicht hältst!« (5. Mose 8,11).* Mose wies auf die Gefahren von Reichtum und Sicherheit hin, *»dass dann nicht dein Herz sich erhebt und du den Herrn, deinen Gott, vergisst«* (V. 14).

Eine gefährliche Entwicklung

Moses Warnungen vor der Dekadenz religiöser Sattheit stießen auf taube Ohren. Innerhalb weniger Generationen endete das aus der Sklaverei befreite Volk Gottes im Chaos der Gesetzlosigkeit. *»Jeder tat, was recht war in seinen Augen« (Richter 21,25),* lautete das neue Motto der ehemaligen Knechte Pharaos. Unter der Flagge der Toleranz wurden alle schützenden Grenzen entfernt und die Leitplanken der Gebote Gottes ignoriert. Keiner erhob den leisesten Protest. Priester und Leviten, die von den ihnen zugeteilten Städten aus das Volk unterweisen sollten, waren auf freier Wanderschaft, auf der Suche nach einem besseren Leben. Götzendienst war gang und gäbe, gemischt mit Überresten aus den Zehn Geboten und der Thora. Trotz gelegentlicher Lichtblicke zwischendurch, unter der Führung einer Debora, eines Gideon, eines Jeftah, folgte auf die Staatsbildung unter Josua ein vierhundertjähriger Abstieg in die Gottesferne und in zügellose Barbarei. Die Lektüre dieser Entwicklung ist ekelerregend. Eine Konkubine wird von einer Meute vergewaltigt, bis sie stirbt, ihre Leiche wird auseinandergehackt und im Land verteilt als Einladung zu Kampfhandlungen. Ein Bürgerkrieg bricht aus, es gibt ein Blutbad.

Das »Syndrom der zweiten Generation« ist ein immer wiederkehrendes Muster, nicht nur zu biblischen Zeiten, sondern auch in der Kirchengeschichte. Eine Pioniergeneration bezahlt einen teuren Preis für ihre Berufung, Reich Gottes zu bauen. Gemeinschaften werden gegründet, Widerstände überwunden, Lieder gedichtet, ein missionarischer Lebensstil wird praktiziert, bestenfalls eine ganze Gesellschaft positiv beeinflusst. Kein Einsatz ist zu aufwendig, kein Opfer zu groß, der ganze Aufbruch ist durchdrungen von der freudigen Erwartung des Wirkens Gottes und dem Verlangen, Jesus zu bezeugen. Aktivismus, Burn-out oder Müdigkeit sind Fremdwörter. Die Bewegung ist von einer freudigen Disziplin geprägt und getrieben, manchmal auch von einem Übermaß an Eifer, der in Gesetzlichkeit und Druck ausartet.

Jahrzehnte später. Gebäuden müssen verwaltet, Gehälter bezahlt, Mietverträge unterzeichnet, Berichte ans Finanzamt geschickt werden. Die Strukturen stehen, aber die Liebe ist erkaltet. Nicht mehr die Zeltmission, sondern die Erweiterung der Kieselsteineinfahrt zum Gemeindehaus ist das Ereignis des Jahres. Die fehlende Tischdekoration für die Grillparty sorgt für mehr Zündstoff als die fehlende Teilnahme am Gebetstreffen. Nur Diplom-Geistliche sind auf der Kanzel zugelassen. Die Kindergottesdienstmitarbeiter klagen über Überstunden. In einem Arbeitskreis wird erwogen, ob man für Ehrenamtliche einen finanziellen Ausgleich einführt.

Nicht mehr die Fürbitte der Heiligen, sondern der Entertainment-Faktor ist die treibende Kraft hinter dem Gottesdienst. Nicht mehr die Frage »Was will der Herr?« bewegt den Planungsausschuss, sondern »Was kommt gut an?«. Dort, wo Prediger das Volk Gottes *»zur Liebe und zu guten Werken«* angereizt haben (Hebräer 10,24), erklären jetzt geschulte Theologen, warum Gott alles nicht so gemeint hat, wie er es gesagt hat. Dienen, ja. Aber bitte schön mit Gegenleistung. Ohne eine klare Vision, erklärt König Salomo, verwildert das Volk (Sprüche 29,18). Die Kirche schwimmt träge mit dem Zeitgeist und verliert ihr Profil und ihre Daseinsberechtigung. Das Buch der Richter lässt grüßen.

Der Apostel Johannes bringt es in seinem Brief auf den Punkt: *»Denn alles, was in der Welt ist, die Begierde des Fleisches und die Begierde der Augen und der Hochmut des Lebens, ist nicht vom*

Vater, sondern ist von der Welt« (1. Johannes 2,16). »Die Trägheit unserer Gesellschaft spiegelt sich auch in der Art wider, wie wir beten«, stellte neulich ein Bekannter von mir fest. »Wir beten so viele seichte Gebete – für gute Gefühle, für Glück, Bequemlichkeit, Gesundheit. Wie waren die Gebete im Neuen Testament? Die meisten waren auf den Vormarsch des Evangeliums fokussiert, auf die Überwindung des Bösen, das Heil der Nationen und das geistliche Wachstum von Gottes Dienern, das sowohl in den Höhen wie auch in den Tiefen des Lebens geschieht. Diese Aspekte sollten immer dabei sein, wenn wir für Menschen beten, sonst beten wir am Ziel vorbei.«

Die Suche nach der Hälfte, die fehlt

Das Aufweichen von gesunden, gottgegebenen Grenzen zieht in jedem Lebensbereich negative Konsequenzen nach sich. Ob es der harsche Kommentar ist, mit dem ich jemanden verletze, oder der Blick in die andere Richtung, mit dem ich jemandem signalisiere, dass ich nicht interessiert bin, oder die Habgier, mit der ich an Geld, Reichtum und Besitz festhalte, oder der anklagende Finger, der auf den anderen zeigt, anstatt dass ich meine eigene Schuld zugebe. Es gibt in der Bibel keine Abstufungen, wie ernst eine Sünde ist. Das Thema, das vielen Menschen als Erstes in den Sinn kommt, wenn die Begriffe Selbstbeherrschung oder Enthaltsamkeit fallen, ist Sexualität. Wer will sich schon beherrschen, wenn die Hormone toben, der ganze Körper nach Befriedigung schreit, kein Hindernis im Weg steht und sogar die Kirche der Neuzeit grünes Licht gibt?

Es ist eine alte Geschichte: Dort, wo die Triebe am stärksten sind, bricht auch die Abwehr gegen sie am schnellsten zusammen, sobald das Wort Gottes nicht mehr beachtet wird. Gerade Gemeinden und Gemeinschaften, die vor einer oder zwei Generationen noch als Hardliner bekannt waren, scheinen am ehesten Gefahr zu laufen, nun auf der anderen Seite vom Pferd zu fallen. Selbstbeherrschung ist in jedem Lebensbereich der gesunde schmale Pfad zwischen zwei ungesunden Extremen: Gesetzlichkeit und Gesetzlosigkeit.

Ein Mann, eine Frau, ein öffentliches Versprechen, ein Leben lang – so lautet Gottes Ordnung für Sex (siehe Markus 10,2-9). Oder, als Alternative dazu, ein erfülltes Leben als Single ohne Sex. Für beide Modelle gibt es klare Anweisungen in der Bibel. Beide Modelle sind gleichwertig und mit Gottes Hilfe zumutbar und segensreich.

Sex ist eines der interessantesten Geschenke Gottes, es soll eine Win-win-Situation schaffen. Sex zu genießen unter gottgegebenen Bedingungen – in einem festen, lebenslangen Bund zwischen Mann und Frau –, ist eine Gnade. Ohne Sex zu leben, ist – laut der Bibel – genauso Gnade. Vielleicht die größere. *»Ich wünsche aber, alle Menschen wären wie ich; doch jeder hat seine eigene Gnadengabe von Gott, der eine so, der andere so« (1. Korinther 7,7)*, schreibt Paulus als Empfehlung für seinen Status als Single. Beide Lebenskonzepte haben ihre Vor- und Nachteile. Beide kosten Selbstbeherrschung, wenn sie gelingen sollen. Die Grauzonen, in denen viele Paare zu leben versuchen – Sex ohne Verpflichtung, Ehe ohne Trauschein, Partnerschaft auf Probe –, untergraben diese Gnade. *»Denn es steht geschrieben: ›Seid heilig, denn ich bin heilig‹« (1. Petrus 1,16).*

Die Bibel setzt klar voraus, dass ein erfülltes Leben auch ohne Sex möglich ist. Manche der größten Helden der Bibel und der Kirchengeschichte waren unverheiratet. Jesus war unverheiratet. Paulus auch. Das ist eine riesige Entlastung für alle, die keinen Partner haben. Sexuelle Enthaltsamkeit ist heutzutage verpönt, weil der Zeitgeist propagiert, dass ein Verzicht auf Sex undenkbar sei. Dass jeder Drang, jede Versuchung ausgelebt werden müsse.

Der anglikanische Priester Sam Allberry erzählt offen von seinen homosexuellen Neigungen. Als er zum Glauben kam, wurde ihm klar, dass er diese Neigung als Jünger Jesu nicht ausleben kann. In seinem Vortrag *Ist Gott homophob?* bietet er für das Dilemma eine biblische Perspektive.[33] Wir alle sind in unserer Sexualität gebrochen, müssen auch in diesem Bereich erlöst und geheiligt werden. Durch die Entdeckung der größeren Liebe, der Liebe Christi, und unsere Entscheidung, ihm in allen Dingen zu gehorchen, können wir mit Gottes Hilfe auch sexuellen Versuchungen widerstehen.

Nicht das Unterdrücken von menschlichen Sehnsüchten ist die Lösung, sondern sich zu verlieren in einer Leidenschaft, die eine viel stärkere Zugkraft besitzt, sich viel tiefer in meiner Seele festsetzen kann als jedes Verlangen nach Partnerschaft. Paulus beschreibt diese Liebe, als er für seine Freunde in Ephesus betet: *»Dass der Christus durch den Glauben in euren Herzen wohnt und ihr in Liebe gewurzelt und gegründet seid, damit ihr imstande seid, mit allen Heiligen völlig zu erfassen, was die Breite und Länge und Höhe und Tiefe ist, und zu erkennen die die Erkenntnis übersteigende Liebe des Christus, damit ihr erfüllt werdet zur ganzen Fülle Gottes« (Epheser 3,17-19).*

König Salomo, der auch in seinem Sexualleben keinerlei Einschränkungen kannte, weil er tausend Frauen hatte, ermahnt junge Leute, ihren Blick früh im Leben auf den Schöpfer zu richten und in dieser Liebe fest zu stehen, bevor die Verlockungen dieser Welt eine schwache Seele zu Fall bringen: *»Denke an deinen Schöpfer in den Tagen deiner Jugendzeit, bevor die Tage des Übels kommen und die Jahre herannahen …« (Prediger 12,1).*

»Ich habe es gefunden!«

Nicht nur in Bezug auf Sex, sondern auch in allen anderen Lebensbereichen wird uns ständig zugeflüstert: »Schau mal her – hier ist das Glück zu finden, nimm es dir, entfalte dich, weg mit jeder Selbstbeherrschung, gönn es dir, denk auch mal an dich und deine Bedürfnisse!«

Doch ein Mal in der Menschheitsgeschichte haben die Menschen zu Recht gerufen: »Hier ist das Glück! Ich habe gefunden, was ich gesucht habe!« Oder vielmehr: »Ich habe den gefunden, den ich tief in meinem Herzen gesucht habe!« Sie rannten aus allen Richtungen herbei, um ihn zu sehen. Brachten ihre Kinder zu ihm, damit er sie anrühre. Ihre Kranken, damit er sie heile. Sogar ihre Toten. Philippus sagte zu seinem Freund Nathanael: *»Wir haben den gefunden … Komm und sieh!« (Johannes 1,45-46).* Die Samariterin lief zurück in die Stadt, um ihre Nachbarn aus der Siesta aufzuwecken: *»Kommt, seht einen Menschen, der mir alles gesagt hat, was ich getan habe!« (Johannes 4,29).*

Überall, wo er auftaucht, gibt es Aufruhr, Geschrei, Gedränge. Menschen, die von ihm berührt worden sind, gehen singend und hüpfend ihres Weges, nachhaltig verwandelt. Die billigen Glücksgefühle, die morgen schon abgeflaut sind und nur einen dicken Kater übrig lassen, sind nicht mehr nötig. Hier haben wir »the real thing«. Manchmal sind die Menschen, die ihm begegnen, nachher wie in Trance, als ob sie in eine Welt geblickt hätten, die sie völlig umhaut. Sie können diese wunderbare Nachricht nicht für sich behalten, erzählen sie überall weiter. Einige reisen bis an die Enden der Erde, um dies zu tun. Sie sind bereit, dafür zu sterben.

Dieser »Wunsch-Erfüller« hat etwas viel Besseres getan, als menschliche Wünsche zu erfüllen. Er hat die Wünsche verändert, größere und bessere Wünsche in die Menschen hineingelegt, die sich auf ihn einlassen. Du bekommst von Jesus nicht das, was du willst, weil es dich sowieso nicht glücklich machen würde. Du bekommst ihn. Das ist der Deal. Seine Person, seine Freundschaft, seine Kraft in dir, seine Agenda, sein Plan für diese Welt.

Daraus erwächst die Kraft, um selbstbeherrscht zu leben. Nicht mehr von jeder Modewelle mitgerissen zu werden, nicht länger den Launen dieses Lebens ausgeliefert zu sein. Mein Glück ist seine Verantwortung. Seine Herrschaft ist meine Verantwortung. Das bedeutet Selbstbeherrschung. Ich habe in ihm etwas Besseres gefunden als die vergebliche Suche nach Glück.

Nach und nach, wenn wir konsequent so leben, werden aus uns richtig nette, attraktive Menschen. Denn *»die auf ihn sehen, werden strahlen vor Freude« (Psalm 34,6; LUT).* Ihre Augen leuchten, sie gehen aufrecht und mit zuversichtlichen Schritten durchs Leben. Wenn jemand sie zu Boden stößt, stehen sie sofort wieder auf. Sie wissen, sie sind geliebt, gewollt, werden nicht alleingelassen. Sie sind befreit von dem Zwang, überall gut ankommen zu müssen, ihre Bedürfnisse befriedigen zu müssen. Ihre Heimat ist im Himmel, ihre Inspiration im Wort Gottes, ihre Kraft im Leben mit dem Heiligen Geist, der seine Früchte in ihnen hervorbringt.

»Besser ein Langmütiger als ein Held, und besser, wer seinen Geist beherrscht, als wer eine Stadt erobert« (Sprüche 16,32).

Ergebnisse, die sich sehen lassen können

Selbstbeherrschung: Der krönende Abschluss von Paulus' Liste sieht auf den ersten Blick nicht gerade erstrebenswert aus. Aber in dieser Frucht des Geistes sind alle anderen irgendwie mitenthalten. Wer Enthaltsamkeit gelernt hat, hat die Gebrauchsanleitung in der Hand und vermeidet unnötige Fallen und Gefahren, ist frei, um

Gott und Menschen ungebremst und freudig zu dienen und darin sein wahres Glück zu finden. Selbstbeherrschung bedeutet: Ich beschränke mich bewusst auf die Vorlieben, die Schwerpunkte, die Anliegen, die Gottes Wort mir vorgibt. Ich mache seine Wünsche zu meinen Wünschen. Ich wende mich vom Kreisen um das eigene Ich ab, hin zur Freiheit in Christus. Selbstbeherrschung ist mein »Ja« zu Gottes Programm, mein »Nein« zu einer ichzentrierten Selbstverwirklichung.

In einem kurzen Satz lässt sich dieses Prinzip festhalten: Gib dein Leben weg, und du bekommst es wieder. Je weniger du über deine eigene Lebensqualität nachdenkst, desto mehr bekommst du davon. Gib und dir wird gegeben. Nichts macht glücklicher und erfüllter, als sich an andere zu verschenken.

ZUM NACHDENKEN

Hat die Frucht der Selbstbeherrschung für mich einen negativen Beigeschmack? Wo muss ich meine Haltung ändern und Gottes Hilfe in Anspruch nehmen, um auch diese Frucht in mir wachsen zu lassen?

NACHWORT:
Von Bäumen und Flüssen

Wohl dem, der nicht wandelt im Rat der Gottlosen noch tritt auf den Weg der Sünder noch sitzt, wo die Spötter sitzen, sondern hat Lust am Gesetz des Herrn und sinnt über seinem Gesetz Tag und Nacht! Der ist wie ein Baum, gepflanzt an den Wasserbächen, der seine Frucht bringt zu seiner Zeit, und seine Blätter verwelken nicht. Und was er macht, das gerät wohl.
Psalm 1,1-3; LUT

Die Frucht, die nach Gott schmeckt – einem Menschen, der ohne Gott leben will, mag die Liste im Galaterbrief wie ein niederschmetterndes Urteil erscheinen. »Und ich? Wo bleibe ich? Meine Nöte? Meine Anliegen? Meine Wünsche?« Um zu leben, musst du sterben, hat Jesus seinen Nachfolgern immer wieder gesagt. Er selber hat es vorgelebt. Paulus' Früchte des Geistes sind nichts anderes als eine Beschreibung der Lebensweise von Jesus selbst. Das Weizenkorn muss in die Erde fallen, sonst trägt es keine Frucht.

Aus dem Munde Gottes kommt immer ein großes »Ja«, bevor es ein »Nein« gibt. Adam und Eva durften sich an allen Bäumen des Gartens bedienen, bevor ihnen ein einziger Baum verwehrt wurde. Jesus erzählt in einem Gleichnis, wie eine kostbare Perle das Herz eines Kaufmanns im Sturm erobert. Der Mann verkauft alles, was er hat, um diesen Schatz zu gewinnen (Matthäus 13,45-46). Ähnlich ergeht es in einem anderen Gleichnis dem Mann, der sein ganzes

Vermögen investiert, um ein Feld zu erwerben: »*Das Reich der Himmel gleicht einem im Acker verborgenen Schatz, den ein Mensch fand und verbarg; und vor Freude darüber geht er hin und verkauft alles, was er hat, und kauft jenen Acker« (Matthäus 13,44).*

Verzichten, um zu gewinnen: Das Prinzip zieht sich wie ein roter Faden durch die ganze Bibel. Wer Jesus nachfolgen will, muss der Suche nach Glück in dieser Welt eine Absage erteilen, sein Kreuz auf sich nehmen und seinen Blick auf ein viel größeres Glück richten. Ohne die tiefe Überzeugung im Herzen, dass nur in der innigen Beziehung zum lebendigen Gott wahre, anhaltende Freude zu finden ist, ist das Leben als Christ eine müde Tretmühle.

Die Korachiter, die einige wunderschöne Psalmen verfasst haben, sagen zu Gott: »*Denn ein Tag in deinen Vorhöfen ist besser als sonst tausend« (Psalm 84,11).* Mose, der von den Strapazen dieser Welt ordentlich gebeutelt wird, hat nur einen Wunsch: »*Wenn dein Angesicht nicht mitgeht, dann führe uns nicht von hier hinauf! … Lass mich doch deine Herrlichkeit sehen!« (2. Mose 33,15.18).*

Die Aussicht auf die Herrlichkeit einer himmlischen Heimat gab auch Jesus die Kraft, die furchtbaren Ereignisse an Karfreitag auszuhalten (Hebräer 12,2). Er lädt seine Nachfolger ein, das Gleiche zu tun, und betont, dass ein Leben in der Hingabe zu ihm auch in dieser Welt nur Vorteile mit sich bringen wird: »*Da ist niemand, der Haus oder Brüder oder Schwestern oder Mutter oder Vater oder Kinder oder Äcker verlassen hat um meinetwillen und um des Evangeliums willen, der nicht hundertfach empfängt, jetzt in dieser Zeit Häuser und Brüder und Schwestern und Mütter und Kinder und Äcker unter Verfolgungen – und in dem kommenden Zeitalter ewiges Leben« (Markus 10,29-30).*

Die Vorteile von Gottes Weltordnung, schon in diesem Leben, sind nicht zu übersehen. Der fruchttragende Baum, der uns in Psalm 1 beschrieben wird, taucht auch an anderer Stelle in der

Bibel auf. Der Prophet Hesekiel sieht in einer Vision der Wiederherstellung Israels, wie *»sehr viele Bäume« (Hesekiel 47,7)* an beiden Ufern des Flusses stehen, der aus dem Heiligtum Gottes herausquillt. Der Fluss steht für das Wirken des Heiligen Geistes in dieser Welt, heilsam und lebensspendend, wo immer er hinfließt: *»Dieses Wasser fließt hinaus in den östlichen Bezirk und fließt in die Ebene hinab und gelangt ins Meer, in das salzige Wasser, und das Wasser wird gesund werden« (Hesekiel 47,8).*

»An dem Fluss aber, an seinem Ufer, werden auf dieser und auf jener Seite allerlei Bäume wachsen, von denen man isst, deren Blätter nicht welken und deren Früchte nicht ausgehen werden. Monat für Monat werden sie frische Früchte tragen, denn sein Wasser fließt aus dem Heiligtum hervor; und ihre Früchte werden als Speise dienen und ihre Blätter als Heilmittel« (Hesekiel 47,12).

Hesekiel beschreibt in der alttestamentlichen Symbolik, was Paulus als neutestamentliche Dogmatik lehrt: die Frucht des Geistes, nicht als äußere Anpassung an religiöse Formalitäten, sondern als Weltordnung des Himmels, die Augen zum Leuchten und Münder zum Loben bringt, die gebeugte Seelen aufblicken und neu hoffen und glauben lässt. Wenn es einen Weg gibt, wie müde Gemeinden wiederbelebt, Kirchensäle mit Jugendlichen gefüllt, Ehen wieder zum Aufblühen gebracht werden können und eine Gesellschaft verändert wird, dann dieser.

»Dein Reich komme. Dein Wille geschehe wie im Himmel so auf Erden« (Matthäus 6,10; LUT).

www.nicola-vollkommer-buecher.de
www.rigatio.com/podcast-start-in-den-tag

ANMERKUNGEN

1 Rainer Kunze, in: Elisabeth Elliot: Eine harte Liebe, Christliche Literaturverbreitung 2010, S. 71.
2 https://www.youtube.com/watch?v=92cwKCU8Z5c; abgerufen am 18.09.2023; The Winner Takes It All, Text und Melodie: Benny Andersson und Björn Ulvaeus, © 1980 Universal/Union Songs Musikforlag AB, für D, A, CH Universal Music Publishing, Berlin; übersetzt von der Autorin.
3 Charles H. Spurgeon: Alles zur Ehre Gottes, Christliche Literaturverbreitung 2021, S. 54.
4 Die Verse 3 und 4 aus dem bekannten Lied von Paul Gerhardt (1607–1676): Ich steh an deiner Krippen hier, Text: Paul Gerhardt (1653), Melodie: Johann Sebastian Bach (1736).
5 https://www.evangeliums.net/lieder/lied_jesus_ist_kommen_grund_ewiger_freude.html; abgerufen am 20.09.2023; Jesus ist kommen, Grund ewiger Freude, Text: Johann Ludwig Konrad Allendorf (1736), Melodie: Köthen um 1733.
6 Amazing Grace, Text: John Newton (1779), Melodie: überliefert; übersetzt von der Autorin.
7 Ulrich Parzany: Man muss Gott mehr gehorchen als den Menschen, SCM Hänssler 2018, S. 52.
8 Geh aus, mein Herz, und suche Freud, Text: Paul Gerhardt (1653), Melodie: August Harder (vor 1813).
9 Friedrich Nietzsche: Menschliches, Allzumenschliches, Goldmann 1999, S. 335.
10 Geh aus, mein Herz, und suche Freud, Text: Paul Gerhardt (1653), Melodie: August Harder (vor 1813).
11 https://evangelicalfocus.com/culture/22025/tim-keller-died-i-cant-wait-to-see-jesus; abgerufen am 30.09.2023; übersetzt von der Autorin.
12 https://www.lovesongtomylife.com/blog/peace-rest-and-joy; abgerufen am 01.10.2023; übersetzt von der Autorin.
13 https://www.duden.de/rechtschreibung/Friede; abgerufen am 21.10.2023.
14 Wenn Friede mit Gott meine Seele durchdringt, Originaltitel: It Is Well With My Soul, Text: Horatio G. Spafford (1873); deutsch: Theodor Kübler (1880), Melodie: Philip P. Bliss (1876).
15 O Haupt voll Blut und Wunden, Text: Paul Gerhardt (1656) nach Arnulf von Löwen (vor 1250), Melodie: Hans Leo Haßler (1601), Görlitz 1613.

16 https://ingeb.org/spiritua/bestillm.html; abgerufen am 02. 10. 2023; Stille, mein Wille, Text: Katharina von Schlegel (1752); englisch: Jane Borthwick (1855); englisches Original übersetzt von der Autorin.

17 https://www.kath-kirche-kaernten.at/images/downloads/gebet_fuer_den_frieden_-_hl._franz_von_assisi.pdf; abgerufen am 02. 10. 2023. Dieses Friedensgebet ist sehr bekannt und wird gewöhnlich dem heiligen Franz von Assisi (1182–1226) zugeschrieben. Es findet sich aber anscheinend nicht in seinen Schriften, sondern ist offenbar erstmals im Jahr 1912 aufgetaucht.

18 Nicola Vollkommer: Wunder Weihnacht, concepcion SEIDEL OHG 2023.

19 Jesus, the Joy of Loving Hearts, Text: Ray Palmer (1808–1887) nach Bernhard von Clairvaux (1090–1153; »Christe, Redemptor Omnium«); übersetzt von der Autorin.

20 Paul David Tripp: Jeden Morgen neue Gnade, 5. November, Voice of Hope 2022.

21 Hans Peter Royer: Wofür mein Herz schlägt, SCM Hänssler 2022, S. 33.

22 https://www.duden.de/rechtschreibung/Freundlichkeit; abgerufen am 21. 10. 2023.

23 Dietrich Bonhoeffer: Nachfolge, in: Martin Kuske und Ilse Tödt (Hrsg.): DBW, Bd. 4, Gütersloher Verlagshaus 1989, S. 29.

24 Podcast »Start in den Tag«, rigatio Verlag, Thema »Früchte des Geistes«; https://rigatio.com/podcast-start-in-den-tag/; abgerufen am 14. 10. 2023.

25 https://www.zdf.de/nachrichten/panorama/grossbritannien-krankenschwester-mord-babys-verurteilung-100.html; abgerufen am 14. 10. 2023.

26 https://de.wikipedia.org/wiki/Treue; abgerufen am 22. 10. 2023.

27 Paul David Tripp: Jeden Morgen neue Gnade, 13. Januar, Voice of Hope 2022.

28 https://www.values-academy.de/sanftmut/; abgerufen am 15. 10. 2023.

29 https://www.azquotes.com/quote/854758; abgerufen am 16. 10. 2023; Originalzitat: »Moses spent forty years in the king's palace thinking that he was somebody; then he lived forty years in the wilderness finding out that without God he was a nobody; finally he spent forty more years discovering how a nobody with God can be a somebody«; übersetzt von der Autorin.

30 Larry McCall: Leben wie Er, von Jesus lernen, rigatio Stiftung 2018, S. 33.

31 Ulrich Parzany: Man muss Gott mehr gehorchen als den Menschen, SCM Hänssler 2018, S. 59.

32 Iwan Rilski, Heiliger Johann vom Rila-Gebirge (876–946).

33 https://www.youtube.com/watch?v=6W4dnUOIAAY; abgerufen am 19. 10. 2023; Ist Gott homophob? – Das Evangelium, die Bibel und gleichgeschlechtliche Anziehung. Reverend Sam Allberry sprach auf dem großen Studientag in Bielefeld am 6. November 2021 über ein erfülltes Leben, sexuelle Anziehung und seinen Glauben an Jesus.